KB192662

뉴라이트 비판

뉴라이트 비판

– 나라를 망치는 사이비들에 관한 18가지 이야기

김기협 지음

2024년 11월 1일 개정판 1쇄 발행
2024년 11월 11일 개정판 2쇄 발행
2008년 12월 15일 초판 1쇄 발행

펴낸이 한철희 | **펴낸곳** 돌베개 | **등록** 1979년 8월 25일 제406-2003-000018호
주소 (10881) 경기도 파주시 회동길 77-20 (문발동)
전화 (031) 955-5020 | **팩스** (031) 955-5050
홈페이지 www.dolbegae.co.kr | **전자우편** book@dolbegae.co.kr
블로그 blog.naver.com/imdol79 | **인스타그램** @dolbegae79 | **페이스북** /dolbegae

편집 김태현
표지디자인 석운디자인 | **본문디자인** 이은정·이연경
마케팅 심찬식·고운성·김영수 | **제작·관리** 윤국중·이수민·한누리 | **인쇄·제본** 영신사

ISBN 979-11-92836-95-9 (03910)

책값은 뒤표지에 있습니다.

뉴라이트 비판

나라를 망치는 사이비들에 관한
18가지 이야기

김기협 역사에세이

돌베개

다시 묻는다.
"이 땅의 보수를 죽이려는가?"

1

"뉴라이트" 이야기가 근래 심심찮게 튀어나온다. 그런데 16년 전과는 양상이 다르다. 그때는 "뉴라이트"를 자임하는 사람들이 있었고 거기 끼고 싶어 하는 사람들도 있었는데, 지금은 지목받는 사람들이 "저 아닌데요?" 발뺌한다. "그게 뭔데요?" 시치미도 뗀다. "뉴라이트"가 나쁜 말이 되어 있다.

원래 뉴라이트는 '합리적 보수'를 표방했다. 2002년 대선과 2004년 총선에서 보수 정당의 패배 후 보수 진영의 위기의식 속에 새 깃발로 나선 것이다. 2007년 대선과 2008년 총선에서 보수 정당이 승리하자 일등공신을 자처하고 나섰다.

"뉴라이트"가 이 사회에서 나쁜 말이 되어버린 것은 이때 승리에 들뜬 뉴라이트의 어지러운 행태 때문이다. 엄밀히 말하면 합리적 보수를 추구하는 진짜 뉴라이트가 아니라 잿밥만 보고 몰려든 사이비들의 행태였다. 잔치판이 너무 흥겹다 보니 뉴라이트 운동을 시작한 사람들도 휩쓸려버렸고 극소수 진지한 사람들은 대오를 떠나버리기도 했다.

이 책의 비판 대상은 뉴라이트 이론에 앞장서다가 잔치판에 휩쓸려버린 사람들이다. 공부한 내용이 현실에 투영되는 것은 학인(學人)에게 큰 기쁨이다. 그런데 기쁨에 취해 공부를 현실에 꿰어맞추려 들면 공부가 망가지고 학인의 자세가 무너진다. 뉴라이트에게서 타산지석(他山之石)을 찾고자 쓴 글이다.

2

"뉴라이트"가 나쁜 말이 된 것은 이 책에서 비판을 잘한 덕분이 아니다. 뉴라이트의 몰락은 그 이론의 한계와 문제점이 밝혀진 결과가 아니라 사이비 뉴라이트가 지나친 분란을 일으킨 결과다.

이 책 17장에서 "이 땅의 보수를 죽이려는가?" 따진 것은 이 사이비 행태를 표적으로 한 질문이다. 당시의 보수주의자들은 '권위주의 보수'를 벗어나 '합리적 보수'로 나아가고 싶었다. 합리적 보수의 이름이 될 수 있는 "뉴라이트"란 말을 제멋대로 쓰다가 나쁜 말로 만들어버린 것이 사이비들의 행태였고, 그로 인해 보수주의 이념의 발전이 가로막혔다.

사이비의 판별 기준은 '진정성'에 있다. 합리적 보수를 추구하는 사람들에게는 하이퍼내셔널리즘(과잉민족주의)의 반성이 중요한 과제다. 대한민국 건국은 1919년인가, 1948년인가? 일제강점기 이 땅 주민들의 국적은 대한민국이었나, '대일본국'이었나?

이런 질문에 하이퍼내셔널리즘은 하나의 정답만이 있다고 주장한다. 진지한 보수주의자는 그 정답이 완전하지 못한 문제를 고민한다. 아무 고민 없이 그 반대쪽이 확고한 정답이라고 우기고 나서는 자들은 사이비다. 건국이 언제였나, 국적이 어디였나, 논의를 통해 이견을 좁히고 공감을 늘리기보다 편 가르기로 대립을 격화하는 데서 정략적 이득을 찾는 자들이다.

3

지금 상황이 "뉴라이트 시즌-2"라고 얘기하기도 하지만 내가 보기에는 "사이비 시즌-2"다. 더 이상의 '뉴라이트 비판'보다 '사이비 비판'이 필요한 상황이다. 사이비는 이득이 보일 때 창궐한다. 지금 그들에게 어떤 이득이 보이고 있나?

대립과 편 가르기가 화합과 협력보다 유리한 상황에 문제가 있다. 그런 상황의 중심에 '사이비 대통령'이 있다. 대통령이 되기 위한 준비가 없던 사람이 덜컥 대통령이 되어 있다. 그는 대통령의 권력만 생각하지, 대통령의 책임은 생각하지 않는다.

정치를 직업으로 하는 사람들은 수준이 높든 낮든 나름대로 자기 목표를 세워 꾸준한 노력을 쌓는다. 분란을 틈타 '어쩌다' 자리를 차지한 사람에겐 그런 직업의식이 없다. 꾸준한 노력에 의한 '성공'이 아니라 화끈한 요행에 의한 '승리'만 바라본다.

임명권자의 이런 취향에 맞는 사람들이 등용된다. 언론 관계 요직에 '반(反)-언론' 성향 사람들, 역사 관계 요직에 '반-역사' 성향 사람들을 골라 뽑는 것은 분란을 키우기 위해서다. 직책에 책임감을 가지고 분란의 해소에 힘쓰는 사람들은 '코드'에 안 맞는다.

4

16년이 지난 지금도 다시 묻지 않을 수 없다. "이 땅의 보수를 죽이려는가?" 지금의 사이비 사태는 정치를 비롯해 이 사회의 모든 부문에 해악을 끼치고 있다. 그중 치명적 피해를 입는 것이 보수 이념이고 보수 진영이다. 다른 부문의 피해는 원인이 제거되면 바로 치유되는 외상(外傷)인데, 보수 쪽 피해는 속이 망가지는 내상(內傷)이기 때문이다.

'보수주의'의 정의에 여러 방법이 있지만, 나는 변화에 대한 태도를 핵심으로 본다. 일체의 변화에 반대하는 것이 아니라 불가피한 변화를 최대한 원만하게 받아들여 부득이한 피해를 최소화하는 길을 찾는 자세를 말하는 것이다.

일제강점기에서 독재 시대까지 이 땅에는 보수주의가 설 여지가 없었다. 현실의 변화 필요가 너무 절박해서 뜻있는 사람들은 모두 변화를 바라보지 않을 수 없었다. 폭력 독재가 끝나고 40년이 되어가는 지금은 이 사회에도 지키고 아낄 만한 것이 많아졌다. 보수주의의 역할이 필요한 때가 되었다.

권력은 아껴 쓸 때 힘이 늘어난다. 인사권의 발동이 조심스러워야 순조로운 효과를 바랄 수 있고, 거부권(재의요구권)은 행사하지 않아야 그 권위가 지켜진다. 권력자의 권력 오-남용은 국가제도를 마모시켜 붕괴를 재촉한다. 이번 사이비 사태의 수습 과정에서 보수다운 보수의 역할이 나타나기 바란다.

2024년 10월
김기협

과거사의 탐구는 아득한 옛날부터 정치적 의미를 강하게 띤 활동이었다. 문자가 생기기 전에도 주술사의 푸닥거리는 부족이 공유하는 과거의 기억을 담고 있었고, 그 기억이 부족 정체성의 근거였기 때문에 주술사가 종교적 권위와 함께 정치적 영도력을 가졌던 것이다. 문자 발생 후에는 역사가 지배 계층의 교양이 되었다. 문자를 향유하던 지배 계층이 역사의 거울을 통해 자기네 위상과 소명을 확인한 것이다.

　근대에 들어와 역사학의 정치적 기능은 더욱 강화되었다. 사회 전체가 문자를 향유하게 되면서 국민 통제 수단으로 개발된 국민교육에서 역사학이 큰 비중을 가지게 된 것이다. 국가 간, 계급 간의 갈등에 대응하기 위해 역사 연구와 교육이 국가적 사업으로 떠오르면서 직업적 역사학자들이 대학에 자리 잡고 근대역사학을 발전시켰다.

　민족주의 대결의 다음 단계인 이데올로기 대결이 공산권 붕괴로 마감된 것을 프랜시스 후쿠야마Francis Fukuyama가 "역사의 종말"이라 표현한 데는 그럴싸한 뜻이 있다. 하지만 아무래도 "종말"은 아니었다. 근대적 양상으로부터의 '전환' 정도로 보아야 할 것이다. 사회주의 몰락이 자본주의의 성공을 증명하는 것이 아니었음을 지금의 세계적 금융공황이 보여주고 있다.

자본주의의 한계 노출은 새로운 세계관과 새로운 인간관을 요구하고 있다. 인류의 존속과 발전을 위해서는 자연과 인간, 그리고 인간과 인간의 관계를 바라보는 새로운 눈이 필요한 것이다. 정치의 새로운 의미를 찾아내기 위해 역사를 새로운 방법으로 공부해야 할 때다.

한국 사회에서 역사학의 정치적 기능이 약한 것을 나는 아쉽게 생각해왔다. 해방 당시의 민족주의를 넘어서는 정치적 지향성은 역사학계의 규모에 비해 어느 쪽으로도 잘 자라나지 못했다. 다년간의 반공 독재에 근본 원인이 있는 일이기는 하지만, 급격히 변하는 상황의 요구에 너무 둔감한 것으로 보인다.

교과서포럼을 앞세운 뉴라이트의 역사 교과서 파동은 그런 면에서 반가운 일이다. 내용이 옳고 그르고 간에 역사학의 정치적 기능을 모처럼 예리하게 제기한 움직임이기 때문이다. 역사학이 사회에 어떤 공헌을 할 수 있는지 (또는 어떤 해악을 끼칠 수 있는지) 역사학계와 사회가 함께 인식을 깊게 할 수 있는 기회라고 생각한다.

뉴라이트는 원래 학술 운동이 아니라 정치 운동이다. 한국 정치계에서는 반공 독재 시대에 뿌리를 둔 수구파가 큰 힘을 지키고 있다. 큰 힘에도 불구하고 1987년 이래 수구파가 수세에 몰려 있었던 것은 국민의 민주화 열망과 냉전 해소의 여파 때문이었다. 그 위에 1997년 경제 위기까지 겹치자 수구파가 분열, 일부가 야당과 연합해 김대중 정권을 낳았다. 고개를 숙여 책임을 피하면서 실력을 지키고 실속을 챙기는 전략이었다고 할 수 있다.

그런데 2002년 대선의 뜻밖의 패배에 이어 2004년 총선에서 의회 다수당 자리까지 빼앗기자 수구파는 벼랑 끝에 몰린 위기감에 빠졌다. 그 위기를 돌파하려는 노력이 뉴라이트 운동으로 나타났다. 이 운동에서는 정책 노선을 나름대로 체계적으로 제시할 필요가 있었다. 그때까지 김대중·노무현 정권으로 대표되던 이른바 '진보 진영'으로부터 정권을 되찾아올 필요를 내세워 한나라당으로 대표되는 '보수 진영'을 수구파 중심으로 결속시켜야 했기 때문이다. 그래서 대한민국 역사를 이렇게 보자는 주장도 내세우게 된 것이었다.

뉴라이트 역사관은 학문적으로 매우 부실한 것이다. 정치적 필요에 따라 만들어졌기 때문일까? 그뿐만은 아니라고 나는 생각한다. 학문과 현실의 관계는 일방적인 것이 아니다. 과학의 자체적 발달이 기술 발전에 공헌하는 측면도 있지만, 기술적 필요가 과학의 발달을 촉진하는 측면도 있다. 역사학의 발전 역시 정치적 필요로 촉발될 수 있는 것이다.

뉴라이트 역사관의 부실은 뉴라이트 정책 노선의 부실과 맞물린 것이다. 뒷받침하려는 정책 노선이 건실한 것이었다면 이처럼 부실한 결과를 얻지는 않을 것이다. 따라서 뉴라이트 역사관이 제대로 된 역사관인지 따져보는 작업은 뉴라이트 정책 노선이 제대로 된 것인지 따져보는 의미를 동시에 가지지 않을 수 없다.

　　정책 노선이 '부실'하다 함은 내 마음에 들지 않는다는 뜻이 아니다. 나는 재산과 소득이 한국 사회에서 중하위권인데, 현 정권의 정책 노선이 나보다 훨씬 부자들만을 위한 것이라 해서 불평하는 것이 아니다. 나는 민족문화와 민주 질서를 아끼는데, 뉴라이트가 이것들을 깔아뭉개려 든다 해서 분노하는 것이 아니다. 현 정권은 다수 국민의 지지를 받아 성립한 것이니, 문화적 정치적 퇴행도, 경제적 양극화도 다수 국민의 뜻이라면 할 수 없는 일이다.

　　나는 강한 정치적 요구를 가진 사람이 아니다. 욕심도 적고 정의감도 약한 편이라서 그럴 것이다. 그러나 역사를 공부하면서 '정치'의 의미를 생각하는 사람이기는 하다. 그런 내가 나서서 현 정권의 정책 노선이 '부실'하다고 하는 것은 그것이 역사적 상황에 맞지 않는 방향을 가리키는 것일 뿐 아니라, 나아가 그 사실을 은폐하기 위해 거짓으로 꾸며낸 것이기 때문이다.

　　문제의 근원은 이들이 신자유주의를 받든다는 데 있다. 신자유주의는 세계적으로 보더라도 인류가 처해 있는 상황에 맞지 않는 반동적 노선이다. 이 작업을 진행하는 동안에 닥친 금융공황이 그 점을 적나라하게 드러내고 있다. 더구나 신자유주의 노선에서 상대적 이득이라도 취할 수 있는 미국과 달리, 한국 사회는 신자유주의 정글에서 먹잇감의 입장이다.

기득권의 수호와 강화에 목적을 둔 수구파 정권 입장에서 신자유주의에 매력을 느낄 만한 측면이 없지는 않다. '가진 자'로서의 정체성을 민족과 국가보다 앞세운다면, 세계를 억압적 계급사회로 재편한다는 신자유주의 노선에 끌릴 수 있다. 한국 사회가 '못 가진 자'들에게는 비참한 곳이 되고 '어정쩡한 자'들에게는 불편하고 불쾌한 곳이 되겠지만, '가진 자'들의 '지상낙원'이 될 수만 있다면 수구파로서는 '합리적'으로 고려할 만한 방향이다.

그런데 문제는 그런 식으로는 누구를 위한 '지상낙원'도 만들 수 없다는 사실이다. 20년 전 그 길로 나섰다면 국민 중 일부라도 한 차례 열매를 따 먹을 수 있었을지 모른다. 그러나 지금은 그런 길이 용납되지 않는 쪽으로 세상이 바뀌고 있다. 그동안 신자유주의 종주국 노릇을 해온 미국까지 길을 바꾸고 있지 않은가?

2008년 3월에 『밖에서 본 한국사』(돌베개)를 낼 때 역사의 관점에서 본 신자유주의의 문제점을 지적하면서 마음속으로 조금 켕기기도 했다. "2007년 남한 대통령 선거에서 대부분 후보들이 외국과 경쟁하는 높은 경제성장률을 공약으로 내걸었다. 아마 4

년 후 선거에서는 극우파 후보만이 그런 공약을 들고 나올 것이다." 이렇게 장담까지 하면서 정말 현실이 그렇게 빨리 돌아갈지 불안했던 것이다. 금융공황이 터진 덕분에(?) 마음을 놓았다. 그런데도 현 정권은 미련을 버리지 못하고 있고, 뉴라이트가 그 집착을 위한 보루 노릇을 하고 있다.

뉴라이트 역사관의 근본적 문제는 무엇보다 인간을 '이기적 존재'로만 본다는 데 있다. 인간은 이기적 존재가 맞다. 그러나 그것만인 것이 아니다. 이기적 성향을 어느 정도씩 가지고 있지만, 그 밖의 다른 요인에 의해서도 행동이 좌우되는 존재가 인간이다.

다른 요인을 일절 돌아보지 않고 인간을 이기적 존재로만 본다면 사회를 약육강식의 정글로 볼 수밖에 없다. 그렇게 본다면 자유방임의 신자유주의가 옳은 길이다. 환율 정책, 제세諸稅 정책, 경제 운용을 모두 가진 자, 힘 있는 자 위주로 하면 된다. 덜 가진 자, 못 가진 자들의 불만은 공안 입법과 공권력의 무절제한 행사를 통해 틀어막으면 된다.

강자가 군림하는 사회를 뉴라이트는 만들고 싶은 것이다. 이는 한국인에게 익숙한 사회이기도 하다. 식민지 시대부터 독재 시대까지 내내 겪어온 것이니까. 그런데 식민지 시대에도 독재 시대에도 현실에서는 강자가 군림할지언정, 말은 다르게 했었다. 군림당하는 자들에게 희망이라도 줘야 체제를 끌고 가는 데 도움이 되기 때문이었다.

그런데 어째서 지금은 말이나마 부드럽게 해주지 못하고 저렇게 막 나가는 걸까? 일본 통치가 한국에게 좋은 것이었다고, 독재가 국민들에게 좋은 것이었다고 학생들에게 가르치자는 주장을 하는 까닭이 무엇일까? 앞으로 독재 아니라 천하 없는 짓을 하더라도 다 어리석은 백성을 위한 것이니 대들 생각도 하지 말라고 여지없이 우겨야 하는 걸까?

상황에 맞춰 합당한 행동을 할 때는 말을 부드럽게 할 수 있다. 상황에 맞지 않는 짓을 하려면 핏대 올려 우겨야 한다. 식민 통치도, 독재도 당시로서는 상황의 뒷받침을 얼마간 받았던 '강자의 군림'이다. 그런데 지금 뉴라이트가 추구하는 약육강식 사회는 그 정도의 상황적 뒷받침도 없는 것이다. 기득권층 내에서도 노선의 타당성이 인정받기 어려운 지경이니 극단적 '선명 노선'으로 나가지 않을 수 없는 것이다.

현 정권이 뉴라이트 신자유주의 노선을 거둬들이지 않는 한 국가와 사회가 손상을 입는 것은 피할 수 없는 일이다. 안타까운 마음이 들지 않는 것도 아니지만, 이것도 어찌 보면 역사의 굴곡 아니겠는가. 10년 넘는 이승만 정권도 견뎌낸 한국 사회가 이 정도 시련을 겪어내지 못하겠는가? 우스운 꼴로라도 역사를 정치 현장에 끌어낸 덕분에 이 사회가 역사를 진지하게 되돌아볼 계기나마 된다면 다행이겠다.

차례

01   뉴라이트의 **인간관**

인간은 이기적 존재일 뿐인가?   023

정치인가, 정략인가 • 역사란 인간을 공부하는 학문 • 연대하고 공존하는 인간 •
언어가 만들어준 '사회적 동물' • 자기 사회를 배신하는 자들

02   뉴라이트의 **국가관**

그들에게 대한민국은 무엇인가?   032

건국절 논란 • 대한민국은 내게 무엇인가 • 한반도 분단을 보는 시선 • 이승만을
똑바로 보자 • 민족과 국가 이간질하는 건국절 주장

03   뉴라이트의 **식민지 근대화론**

'식민지 근대화'란 무엇인가?   041

일본 극우파를 따르는 관점 • '연평균 3.6% 고성장'의 함정 • 달걀을 수탈하려면
닭에게 모이를 준다 • 식민 통치의 목적은 종속화 • 식민 통치를 미화하는 까닭

인간은 이기적 존재일 뿐인가?

정치인가, 정략인가

2008년 초 내가 '밖에서 본 한국사'란 제목으로 한국사를 개관하는 에세이집을 낸 데는 두 가지 뜻이 있었다. 하나는 민족주의에 과도하게 얽매여온 편협한 관점을 보완하자는 것이고, 또 하나는 국사를 국외사와의 관련에서 바라보며 시각을 넓히도록 제안한 것이다.

그 책을 본 후 "뉴라이트 역사관과 통하는 것 아닌가?" 하는 반응을 보인 독자들이 있었다. 그래서 뉴라이트 역사서들을 찾아보니 얼핏 볼 때, 과연 내가 중시한 두 가지 의미를 뉴라이트 저자들도 표방하고 있었고, 그 의미를 살리기 위해 합리성을 중시한 점도 같았다.

그런 테크니컬한 기준에서 본다면 나도 뉴라이트인 걸까? 그러나 뉴라이트의 합리성에는 뭔가 석연찮은 것이 있다. 세밀히 살펴보니 뉴라이트 저자들이 합리성의 한계를 받아들이는 태도에 문제가 있었다.

　"인간의 문명이 도그마로부터 완전히 자유로울 수 있는가?" 그럴 수 없다는 것, 도그마를 순화시켜나가는 과정이 바로 문명의 발달 과정이며, 순화된 도그마의 조화로운 균형이 바람직한 문명 상태라는 생각 위에 나는 역사를 바라본다.(『밖에서 본 한국사』, 15쪽) 그런데 뉴라이트 저자들은 합리성의 한계를 인정하지 않는다. 그러면서 합리적 근거가 없는, 자기들이 선택한 전제들 위에서 역사를 논한다. 어떤 궤변과 망설妄說이라도 짜낼 수 있는 담론 구조다. 합리성의 한계를 무시하면 상식도 무시할 수 있기 때문이다.

　그들의 현란한 논설 안쪽을 차분히 들여다보면 역사와 학문, 인간과 사회, 정치와 경제의 의미에 대한 몰상식한 재단裁斷이 널려 있다. 그들은 어째서 이토록 상식을 등지는 담론 구조에 몰두하게 된 것일까? 순수한 학문적 동기만이 아닌 것은 분명하다. 그렇다면 그들의 참된 동기는 정치적인 것일까, 아니면 정략적인 것일까?

　나는 '비정치성'을 강조하는 한국 주류 역사학계의 풍조를 불만스럽게 생각한다. 역사학 본연의 정치적 성격을 외면함으로써 소위 재야 사학계의 '과過정치성'에 균형을 잡아주지 못하고 있기 때문이다. 따라서 뉴라이트가 정치적 목적의식을 가지고 역사학에 접근한다면 쌍수를 들고 환영할 일이다. 다만 그 정치의식이 건전한 수준에 이르지 못하고 정략 수준에 그치는 것이 안타까울 뿐이다.

역사란 인간을 공부하는 학문

뉴라이트의 성격을 알아보기 위해 제일 먼저 검토한 것이 안병직(서울대학교 명예교수)과 이영훈(서울대학교 경제학부)의 대담집『대한민국 역사의 기로에 서다』(기파랑, 2007)로, '뉴라이트 사관'의 대표 두 사람의 담론 범위를 확인할 수 있는 책이다. 그러나 과연 이 두 사람을 '역사학자'로 볼 수 있겠는가 하는 의문이 들기 시작한 것은 이 책을 불과 몇 장 넘기고 나서의 일이었다.

역사란 인간을 공부하는 학문이다. 인간이란 대단히 복잡하고 심오한 존재다. 장님 코끼리 만지듯 인간이란 존재의 한 모퉁이라도 파악하려는 노력에서 만들어진 여러 학문 가운데 하나가 역사학이다. 역사학자는 인간성을 선험적으로 규정하는 것이 아니라 인간이 해온 일들을 살펴 그로부터 인간의 본성에 대한 이해를 키워나가려 노력한다.

그런데 안병직과 이영훈은 인간을 '이기적 존재'로 규정해놓고 그 위에서 역사 이야기를 펼쳐나간다. 이영훈은 '호모 에코노미쿠스'Homo economicus라는 경제학의 가정적 명제를 인간 전체에 스스럼없이 적용한다. 이 자의적 규정이 우리 사회의 과거, 현재와 미래에 대한 그들의 논의 밑바닥에 깔려 있는 것이다.

　홉스Thomas Hobbes가 인간을 이기적 존재로 규정하고 사회를 "만인의 만인에 대한 투쟁"으로 설명한 것은 1651년의 일이다. 이기심은 인간성의 엄연한 한 부분인데, 그때까지 인식되어온 것보다 중시할 필요가 있다는 것이 홉스의 지적이었다. 당시의 시대 변화 속에서 의미 있는 지적이었다. 그러나 21세기에도 이 지적을 절대적 진리처럼 받드는 사람이 있다는 사실을 알면 홉스 자신이 실소를 금치 못할 것이다.

연대하고 공존하는 인간

홉스에 맞서는 지적으로 눈에 띄는 것이 인류학자들의 미개사회 연구다. 이는 아직도 금속과 문자를 사용하지 않고 수렵·채집 단계에 머물러 있는 미개사회를 관찰함으로써 문명 '오염' 이전의 인간 본성을 파악하려는 노력이다. 즉 인류 발생부터 농업혁명에 이르기까지 수십만 년의 긴 세월 동안 인간이 살아온 모습을 미개사회를 거울삼아 비추어보는 것이다.

　〈부시맨〉이라는 영화로 잘 알려진 남아프리카 칼라하리사막

주변의 부시먼족은 1963년 이래 인류학자, 고고학자, 언어학자, 영양학자 들이 참여하는 연구 팀의 체계적 연구 대상이 되었다. 이 연구의 결과는 미개를 곧 야만으로 보던 통념을 깨뜨렸다.

부시먼족의 먹을거리 중에는 쥐, 뱀, 벌레 등 '몬도가네' 수준이 많다. 그러나 관습의 색안경을 벗고 보면 영양학적으로 훌륭한 먹을거리들이다. 먹지 못하는 것이 없으니 생존을 위한 먹을거리 확보에 큰 노력이 들지 않아서 서로 어울려 노는 등 여가 시간을 충분히 가지며, 먹을거리의 종류가 다양하기 때문에 기후변화에도 큰 영향을 받지 않는다.

부시먼족 사회의 관찰에서 무엇보다 놀라운 것은 구성원들의 연대감이다. 식량을 오래 보관할 수 없으니 사유재산의 개념이 약한 것은 당연한 일이지만 남보다 '뛰어난 존재'가 되는 길조차도 이 사회에서는 막혀 있었던 것이다. 어느 한 사람이 몇 차례 사냥에서 뛰어난 성적을 거듭 올리자 동료들이 슬그머니 왕따를 시키는 모습이 관찰되었는데 그 사람은 사냥에서 빠졌다가 며칠 후 다시 나서자 거리낌 없이 어울렸다.(L. S. Stavrianos, *Lifelines from our Past: A New World History*, Pantheon Books, 1989, pp. 23~30)

다른 미개사회에서도 일반 문명인들을 놀라게 할 만한 평화와 평등의 모습이 많이 보고되었다. 투쟁적인 모습이 전혀 보이지 않는 것은 아니다. 그러나 농업 문명을 겪지 않은 인간의 모습에서는 평화와 평등이 일반적 양상이고, 이기심과 투쟁은 더러 특별한 상황에서 나타난 것이라고 이해할 수 있는 정도다.

언어가 만들어준 '사회적 동물'

미개인들이 이 정도로 평화와 평등의 모습을 보인다면 인간의 본성에 '짐승'과 근본적 차이가 있다고 추정할 수 있다. 이 사실은 인류가 지구상에서 특출한 위치를 차지하게 된 과정에 비추어서 추론할 수 있는 것이기도 하다.

　인류는 농업 문명 이전에도 이미 '성공'한 종이었다. 농업 문명 발생 당시 인류는 남극대륙을 제외한 모든 육지에 서식하고 있었다. 포유류 가운데 가장 적응력 높은 종의 자리를 벌써 차지하고 있었던 것이다. 이 적응력은 인간의 사회성에 기초를 둔 것이었다. 초기 인류가 유리한 입지에 선 것은 도구와 언어를 사용했기 때문이라고 하는데, 나는 언어를 더 중요하게 본다. 초기 인류와 비슷한 수준으로 도구를 사용하는 동물은 여럿 있다. 그러나 인류와 비교할 만한 차원의 언어를 가진 동물은 없다.

　초기 인류의 언어는 대립보다 유대를 강화하는 데 그 역할이 있었다. 대립의 표현은 언어까지 필요로 하지 않는다. 언어가 있음으로 해서 '주먹으로 해결할 일을 말로 해결'하는 일이 부단히 있었을 것이니, 언어가 통하는 사회는 내부 갈등을 최소화함으로써 외부에 대한 경쟁력을 키울 수 있었다.

01

오랜 세월을 통해 다른 동물들, 그리고 서로 다른 언어를 쓰는 집단들 사이에서 경쟁을 계속하는 동안, 언어를 잘 발달시키고 튼튼한 유대감을 키워낸 사회들이 더 뛰어난 적응력을 발휘할 수 있었다. 발생 당시 인류의 속성은 다른 짐승들과 그리 큰 차이가 없었을지도 모른다. 그러나 수십만 년에 걸친 문화적 진화를 통해 인류만의 특성을 키워냈다.

　　농업이 발달하고 금속과 문자를 쓰게 되면서 인류는 본격적 문명 단계에 접어들었다. 도시와 국가가 나타나면서 계급과 직업이 갈라져 나왔다. 이에 따라 시간이 갈수록 갈등이 격화되는 추세를 보이기는 했지만, 농업 사회의 밑바탕에는 채집·수렵 단계에 형성된 공동체 의식이 사라지지 않고 깔려 있었다. 자본주의가 유행할 즈음에 와서야 이런 의식을 깨뜨릴 필요가 제기되었고, 그 필요 위에서 홉스의 지적이 나온 것이었다.

자기 사회를 배신하는 자들

어느 시대 어느 사회에나 이기심을 더 절제하는 사람들이 있고 덜 절제하는 사람들이 있다. 조선 시대까지 한국 사회는 이기심의 절제를 권장하는 사회체제를 지켜왔다. 6~14세기 불교 시대, 14~19세기 유교 시대가 모두 어떤 형태로든 원시시대 이래의 공동체 의식을 옹호하는 체제였다. 그 속에서는 "개인의 발전을 억압하는 분위기"라며 불만을 가진 사람들도 물론 있었을 것이다. 그러나 그 체제 덕분에 민족 공동체가 살아남고 우수한 문화를 빚게 되었다는 사실만큼은 아무도 부정할 수 없을 것이다.

일제 통치가 이 체제를 깨뜨렸다. 근대화를 위해 불가피한 변화라는 측면도 있지만, 이민족의 지배라서 더 난폭한 측면도 있었다. 협조자에게 혜택을 주고 반대자에게 불이익을 줌에 있어서 일본 내부에서만큼 예의와 염치를 지키려는 노력이 없었다. 일본 지도층에 전통을 가진 명문의 비중이 상당한 데 비해 식민지 한국에서는 도덕적 권위 없이 친일에만 의존한 벼락출세 집단의 비중이 커진 것이 그 결과다.

친일 자체는 원론적으로 범죄가 아니다. 오늘날의 친중이나 친미와 마찬가지로 대외 관계에 대한 합리적 판단에 따른 정치적 태도로 볼 수 있다. 그런데 친일이든 친미든 친중이든 정치적 태도를 빙자하여 개인의 이익을 위해 자기가 속한 사회를 배신하는 것은 사회의 안정성을 훼손한다는 점에서 명백한 죄악이다.

뉴라이트는, 일본의 의도는 착취가 아니라 '영구 병합'에 있었다며 일본의 식민 통치를 옹호한다. 당시 '내선일체'의 사탕발림에 넘어간 사람들도 웃음거리가 되었는데, 지금까지도 그것을 좋은 뜻으로 받드는 사람들이 있다니…….

설령 내선일체, 영구 병합이 일본의 진심이었다 치고, 또 좋은 뜻이었다고 치자. 그렇다면 그들은 싸구려 친일파를 그토록 마구잡이로 키워주지 말았어야 했다. 일본 자체가 전통의 무게 위에 발전의 길을 찾아나가는 것과 비교라도 될 만한 수준에서 한국 사회의 발전 조건을 마련해주었어야 했다.

일제 식민 통치자들은 일본 문화를 이해하고 좋아하는 친일파가 아니라 이기심에 몰려 자기 사회를 배신하는 친일파를 원했다. 그래서 균형도 조화도 아랑곳없이 통치의 능률성에 매몰되어 이기심 하나가 식민지 사회를 휩쓸도록 이끌고 몰아붙였다.

21세기에 들어온 지금 '인간은 이기적 존재'라는 전제 아래 일제 통치를 정당화하려는 논설은 진지한 역사 담론으로 보이지 않는다. 그런 논설이 나올 수 있는 정치적 상황과 배경이 흥미로울 뿐이다.

인간에게서 인간다운 특성을 제거하고 싶어하는 까닭이 무엇일까. 뉴라이트 진영이 규제 완화, 민영화, 부유층과 고소득층의 감세 등 신자유주의 경제정책을 추구한다는 사실과 관련해서 이해할 수 있는 일이다. 정글 자본주의에 방해되는 인간적·사회적 가치를 배척하는 신자유주의, 그에 복무하는 뉴라이트에게서 실제로 인간이 살아오고 겪어온 과정을 추적하고 성찰하는 진지한 역사 담론을 바란다는 것은 무리겠다.

그들에게 대한민국은 무엇인가?

건국절 논란

뉴라이트 진영에서 8·15를 광복절이 아닌 '건국절'로 기념해야 한다는 주장을 내놓아 눈길을 끌고 있다. 한국 역사에서 1945년 8월 15일보다 1948년 8월 15일이 더 중요한 날이라고 생각하는 모양이다.

일본 식민 통치를 근대화의 은혜로 받아들이는 뉴라이트에게는 일본의 패전으로 이뤄진 민족의 광복이 반가운 일이 아니라 안타까운 일일지도 모르겠다. 광복 당시에 일본의 패전을 슬퍼한 한국 사람들도 있었다. 그러나 일본 제국에 속한 채 수십 년을 지낸 시점에서 더러 그런 사람들이 있었던 것은 그렇다 쳐도, 대한민국에 속한 채 수십 년을 지낸 시점에서 그런 사람들을 떼로 보게 되는 것은 참 뜻밖의 일이다. 대한민국의 나라 노릇에 결함이 있었다 하더라도 그 정도로 부실했던가 하고 새삼 놀라지 않을 수 없다.

그런데 바로 그 사람들이 대한민국을 떠받들고 나서는 것이 또한 엉뚱한 일이다. 식민 통치로부터의 해방은 대수롭지 않게 여기면서 민족 분단을 굳힌 대한민국 건국을 일말의 거리낌도 없이 찬양할 수 있다니……. 도대체 민족에 대해 어떤 의식을 가진 사람들이란 말인가?

이런저런 계제에 여러 형태로 펼쳐져 온 그들의 논설을 보면, 그들은 민족에 대해 별 의식을 가지지 않은 사람들임을 알 수 있다. 그들에게는 모든 통치가 정당한 통치였고, 모든 국가가 정당한 국가였던 것 같다. 적어도 1910년 이후로는.

"어느 나라 사람들이 자기 나라 건국의 정당성에 의문을 가지는가?" 이는 대한민국 건국에 관한 문제 제기를 원천적으로 봉쇄하려고 그들이 하는 말이다. 근세 이후 유럽 여러 나라에서 현실 체제에 대한 비판이 국가와 사회 발전의 원동력으로 작용해온 사실이 그들의 눈에는 보이지 않는 모양이다. 모든 체제 비판을 '히고쿠민'(非國民)으로 몰아붙인 일본 군국주의만이 그들에게는 올바른 국가관으로 여겨지는 모양이다.

대한민국은 내게 무엇인가

이 시점 한국의 상황에서 뉴라이트처럼 정치 지향성을 가진 집단이 민족주의를 부정하는 것은 문제가 있는 일이라 생각한다. 그러나 그 점은 사상의 자유에 맡겨놓고, 그들이 내세우는 국가관부터 따져봐야겠다. 민족은 도외시하면서 대한민국은 떠받드는 그들의 주장이 과연 진정성을 가진 것인가? 예수 사랑을 내세워 이익 챙기기 바쁜 사이비 종교인들처럼, 뭔가 다른 속셈을 가지고 대한민국을 팔아먹는 것은 아닌가?

내게는 대한민국을 자랑스러워하는 면도 있고 부끄러워하는 면도 있다. 다만 내 나라이기 때문에 아낀다. 자랑스러운 면이 많고 부끄러운 면이 적기를 간절히 바라면서, 조금이라도 그렇게 되는 데 내 힘이 쓰일 기회를 찾는다. 대한민국 대다수 국민이 이와 크게 다르지 않을 것이다.

나는 대한민국이 18개월 되었을 때 태어나 60년 가까이 대한민국 국민으로 살아왔다. 그동안 대한민국이 내 나라라는 사실에는 변함이 없었지만, 대한민국이 어떤 나라인가 하는 실제 내용에는 많은 변화가 있었다. 인구만 해도 세 배 가까이 늘어났고, 가난하던 나라가 제법 잘살게 되었고, 폭력이 판치던 나라에 민주질서가 꽤 자리 잡았다.

정말 큰 변화다. 그 속에서 '내 나라'에 대한 내 생각도 변해왔다. 4·19 혁명이 있던 열 살 때까지는 학교에서 시키는 대로 생각했다. 5·16 군사정변 후 중학생, 고등학생, 대학생으로 자라는 동안 부끄러움이 생겨났다. 대학교 졸업 후 유신을 겪으면서 절망감에 사로잡히기도 했다. 서른 살 무렵 사회 활동을 시작하면서 사회에 대한 내 책임을 구체적으로 생각하기 시작한 후 10·26 유신 종료, 5·18 민주화운동, 6월 민주항쟁을 차례로 겪었다.

1960년대 이후 내 생각의 전체적 변화는 부끄러움이 자랑으로 바뀐 것이다. 우선 빈곤과 독재를 벗어난 덕분이다. 그러나 더 밑바닥에 깔려 있던 불안감을 걷어내고 내 나라를 마음 편하게 받아들이게 된 계기는 남북 정상이 평화적 통일 원칙을 공식적으로 합의해 이끌어낸 2000년 6·15 남북공동선언이었다. 평생 불안하게 바라봐 온 민족과 국가의 괴리 상태를 극복하려는 '지속적' 노력의 출발점이 바로 6·15 남북공동선언이다.

민족이라는 것이 하나의 공허한 관념일 뿐이라는 주장도 있지만, 이 시점 이 사회의 상황에서 큰 의미를 가질 수 없는 주장이다. 현실 속에서 사람들의 마음을 크게 움직이고 있는 이 힘을 어찌 '공허'하다 할 것인가.

한반도 분단을 보는 시선

'지속적' 노력이라 함은 그 이전에 대한민국이 민족 분단 문제를 대해온 태도와 대비해 그렇다는 것이다. 1948년 건국 이래 '통일'의 당위성을 부정한 대한민국 위정자는 없었다. 그러나 이승만의 북진 통일에서 박정희의 유신용 통일을 거쳐 김영삼의 흡수통일 주장에 이르기까지, 정략을 위한 일시적 방편으로 이용당해 온 것이 통일이었다. 그런 주장을 내놓는 사람들에게는 통일보다 더 요긴한 목적이 따로 있었다.

나는 통일 지상주의자가 아니다. 학생 때, 한국의 경제도 민주주의도 시원찮게 보이던 시절에는 통일 지상주의 비슷한 심정에 빠지기도 했다. 미국의 힘에 묶이고, 독재가 지탱되고, 경제가 종속의 틀을 벗어나지 못하는 모든 문제가 민족 분단에 걸려 있는 것 같았다. 통일 하나만이 우리 사회의 질곡을 풀어줄 열쇠처럼 보였다.

그러나 분단 상태 아래서도 사회의 발전이 가능하다는 믿음을 6월 민주항쟁 이후 키우게 되었다. 여전히 통일을 우리 사회의 가장 중요한 과제로 생각하지만 모든 것을 희생시키면서까지 시급히 이뤄야 할 절대 과제로 생각하지는 않는다. 경제와 민주주의의 건전한 발전을 바탕으로, 천천히라도 착실하게 이뤄나갈 과제로 생각하는 것이다.

대한민국에 대해 나는 여러 가지 불만을 가지고 있다. 대한민국을 '내 나라'로 여겨 아끼는 마음 때문이다. 나의 노력, 우리의 노력으로 더 좋은 나라를 만들 수 있다는 믿음 때문이다. 우리 조국에 아무 불만도 가져서는 안 된다느니, 절대 충성을 바쳐야 한다느니 떠들어온 자들이 있다. 조국을 아끼는 마음이 없는 자들, 조국을 이용할 생각뿐인 자들이다.

대한민국에 대한 내 가장 큰 불만은 민족과 국가의 관계를 제대로 풀지 못해왔다는 것이다. 민족에 절대적 가치를 두고 국가가 거기에 종속되기를 바라는 것이 아니다. 민족도 국가도 우리 정체성의 바탕으로 모두 중요한 존재다. 두 존재가 원만하게 어울리기 바란다. 그 길을 국가 차원에서 비로소 열어낸 6·15 남북 공동선언을 계기로 나는 대한민국에 대해 애정만이 아니라 믿음도 가지게 되었다.

이승만을 똑바로 보자

뉴라이트 논객들은 학계 주류의 대한민국관을 '좌파'라고 몰아붙이며 이승만 정권과 박정희 정권을 보다 긍정적으로 평가할 것을 주장한다. 이승만 정권에 비해 박정희 정권의 평가에는 다양한 요인들이 개재되므로 다음 기회로 미루고, 여기서는 이승만 정권에 대한 시각만을 검토하겠다. 당장 '건국절' 주장도 이승만 정권의 평가와 관련된 것이다.

이승만에 대한 내 생각을 단도직입으로 말하겠다. 그는 해방 후 한국 땅에 세워질 국가를 자기 것으로 만들기 위해 못 한 짓이 없는 사람이다. 분단과 전쟁을 그가 저지른 것이라고까지 주장하지는 않겠다. 그러나 해방 후 한민족에게 최악의 위험으로 닥쳐온 그 일들을 그는 막기는커녕 더 악화시키기만 했다. 그리고 내정에 있어서는 부패와 독재로 경제 발전을 가로막고 민주주의를 억눌렀다.

뉴라이트에서는 나와 다른 눈으로 이승만을 본다. 사실 인식에 있어서는 그들과 나 사이에 큰 차이가 없다. 평가의 기준, 가치관이 서로 다른 데서 시각의 차이가 생기는 것이다.

그들은 이승만이 대한민국을 '문명'으로 이끌었다는 것을 높이 평가한다. 그 크나큰 공로 앞에서는 민족 분단도 부패와 독재도 별 흠이 되지 않는다고 한다. 물론 여기서 뉴라이트가 말하는 '문명'이란 자본주의를 말하는 것이다. 식민지근대화론으로 일본 식민 통치를 옹호하는 것도 마찬가지로 자본주의 문명의 길을 열어주었다는 이유에서다.

'자본주의가 곧 문명'이란 황당한 개념 정의가 어떻게 나올수 있는 것일까. 자본주의를 거의 신앙 차원으로 높이 받들다 보니 가장 고귀하고 가장 강력한 표현을 찾다가 문명이란 말을 욕보이게 된 모양이다. 이승만을 찬양한답시고 "한국을 자본주의로 이끈" 공로를 내세워서야 그럴싸하게 들리지 않을 것 아닌가.

그런데 아무리 자본주의를 받든다 해도 일본 식민 통치와 이승만 정권에 한국 자본주의화의 공로를 돌리는 데는 문제가 있다. 두 정권은 한국을 자본주의의 주체가 아니라 자본주의의 희생자로 만들었다. 한국이 지금까지 이만큼이라도 경제 발전을 이룩한 것은 두 정권의 공로가 아니라 그들이 빠뜨려 놓은 구덩이에서 어렵사리 헤어 나온 국민의 힘이다.

민족과 국가 이간질하는 건국절 주장

뉴라이트는 대한민국을 소중하게 여긴다고 말한다. 그래서 대한민국 건국이 민족 해방보다도 더 중요한 일이었다고 한다. 그러나 그들이 생각하는 대한민국은 구성원들의 노력에 의해 진화, 발전해나가는 유기적 공동체가 아니다. 사회적 가치를 가진 살아 있는 국가가 아니다. 자본주의를 시행하는 도구일 뿐이다.

　뉴라이트는 자본주의를 받든다고 한다. 그래서 반도 남쪽의 우리가 사회주의라는 '대륙의 야만'에 빠지지 않고 해양의 문명, 자본주의를 받아들인 것을 축복으로 여긴다. 그러나 그들이 주장하는 세계화 속에서 우리 사회가 어떤 위치를 가진다는 것인지가 석연치 않다. '캐치업'이니 뭐니 장밋빛 그림을 띄우지만('캐치업 이론'에 관해서는 이 책 8장 참조), 앞선 나라들이 따라잡으라고 기다려준단 말인가? 이명박 정부 몇 달 만에 '7·4·7' 공약(연평균 성장률 7%, 1인당 소득 4만 달러, 세계 7대 강국 진입)이 증발하는 꼴을 벌써 보지 않았는가?

　뉴라이트는 자기네가 신자유주의자가 아니라고 우기지만 옆에서 보기에는 딱이다. 두 차례 세계대전을 겪고 공산혁명을 목격한 자본주의 진영은 그런 위험이 되풀이되는 것을 피하기 위해 자본주의 모순을 완화하는 정교한 제도를 발전시켜 세계경제를 부흥했다. 이 부흥이 1970년대 들어 한계에 다다를 때 반동적 움직임으로 나타난 것이 바로 신자유주의 경제정책이다. 모순 완화의 노력을 포기하고 정글 자본주의로 돌아가자는 것이다.

뉴라이트는 민족을 부정하며 국가를 내세우지만, 사실 그들은 민족만이 아니라 국가에도 소속감을 가지지 않은 자들이다. 자본계급, 투기 세력에만 소속감을 가진 자들이다. '건국절' 주장을 비롯한 그들의 대한민국 찬양은 민족과 국가 사이의 이간질일 뿐이다. 사람들의 민족 사랑과 나라 사랑을 헷갈리게 해놓고 가치관의 혼란 속에서 온 나라를 투기판으로 만들 기회를 얻으려는 교란작전일 뿐이다.

광복은 우리 민족이 현대 세계에서 제 발로 첫 걸음마를 뗀 계기였다. 서툴 때는 고생도 많았지만, 피땀 흘려가며 여기까지 왔다. 오죽잖은 국가로 출발한 대한민국도 그동안 국민들이 잘 키운 덕에 이제 제법 국가 노릇을 하게 됐다. 그러나 오늘의 대한민국이 자랑스럽다고 해서 건국 당시의 대한민국까지 저절로 자랑스러운 것은 아니다. 이승만 시대의 대한민국을 부끄럽게 여길 줄 아는 것, 그리고 오늘의 대한민국에 불만을 느낄 줄 아는 것이 대한민국을 더욱더 자랑스럽게 키워나가기 위한 필요조건이다.

'식민지 근대화'란 무엇인가?

일본 극우파를 따르는 관점

뉴라이트 역사 서술에서 가장 두드러진 문제의 하나가 일제 통치기의 성격에 관한 것이다. 이 문제는 주제 자체가 중요한 것일 뿐 아니라 역사를 바라보고 서술하는 자세를 단적으로 보여준다는 점에서 특히 검토할 의미가 있다.

뉴라이트의 이른바 '근대화론'은 한국 사학계의 지배 담론인 '수탈론'에 맞서는 것이다. 수탈론은 매우 넓은 범위에서 표출되어 왔고, 또 피해망상적인 정서의 뒷받침도 받아왔기 때문에 불합리하고 편향적인 내용도 더러 섞여 있는 것이 사실이다.

따라서 일제 통치기를 더 합리적인 시각으로 바라보자는 제안은 바람직한 것임이 틀림없다. 더욱이 국가들 사이의 접촉면이 갈수록 넓어지고 두터워지는 21세기 상황에서, 이웃 나라들끼리 서로의 역사를 함께 돌아보는 길을 닦는다는 점에서 절실히 필요한 노력이기도 하다. '역사 전쟁'으로 불필요한 갈등을 일으키는 것도 그런 노력의 부족 때문이다.

그러나 바람직한 방향, 필요한 방향이라 해서 손바닥 뒤집듯 내 입장을 내던져 버릴 수는 없다. 우리 학계의 입장에도 상당한 범위의 스펙트럼이 있고, 일본도 마찬가지다. 우리가 취할 수 있는 범위 중에서 가장 합리적인 길을 찾아 상대방의 합리적인 길과 어울리면서 그 시너지 효과를 통해 양쪽 사회의 분위기가 접근되기를 바랄 일이다.

우리 쪽의 극단을 비판한다 하여 저쪽 입장 가운데 극단적인 노선을 지지하고 나선다면 갈등을 해소하기는커녕 증폭시키게 된다. 우리의 뉴라이트는 일본 사회의 여러 역사관 가운데 가장 극우파의 관점을 따르는 것이 문제다.

'연평균 3.6% 고성장'의 함정

여러 가지 주제를 놓고 뉴라이트 측이 많이 활용하는 수법 하나를 미리 지적하고 싶다. 통념을 벗어나는 새로운 관점을 통계 수치로 포장하는 수법이다. 안병직과 이영훈이 경제사 분야를 연구했기 때문에 주류 역사학자들에 비해 통계 수치를 많이 활용하는 것은 이해가 가는 일이다. 숫자를 들이대면 뭔가 '과학적'인 듯한 인상을 주기도 한다. 그런데 숫자의 의미를 해석하는 데 엄정한 태도가 아쉽게 느껴진다.

1910~1930년대에 한국의 경제성장률이 연평균 3.6%를 기록했다는 사실을 강조하는 것이 단적인 예다. 30년간 그만한 성장률을 유지했다는 사실을 내세우는 것은 한국 경제가 그 기간에 꽤 활기찬 발전을 이뤘다는 인상을 주기 위함이다.

그런데 생각해보자. 이 성장의 출발점이 어디인가? 거의 아무런 산업화도 이뤄지지 않고 있던 1910년도다. 오늘날처럼 산업화가 이뤄질 만큼 이뤄진 상황에서도 연 5% 이하로 성장률 목표를 낮추는 것을 놓고 온 국민이 서운해하는 판인데, 아무것도 없던 출발점에서 연 3.6%가 높은 성장률이라니?

1960년대 이후 20여 년간 한국 경제가 이룩하던 연평균 7~8%보다도 높은 성장률이 근대화 출범 시점에서는 당연한 것이었다. 일본인의 손을 통해서가 아니라도 근대 기술은 어떻게든 들어오게 되어 있었고 근대화는 진행되게 되어 있었다. 맨바닥에서 시작하는 산업화가 수십 년간 연 4% 미만의 성장률에 머물렀다는 것은 일제 통치가 성장을 도와준 것이라고 볼 수 없다. 오히려 억누르고 가로막은 것이라고 봐야 할 것이다.

이영훈은 "결론을 말씀드리면 연간 2.3퍼센트의 실질성장률에 따라 식민지기에 1910~1940년간 한반도의 총소득이 2.7배나 커졌습니다."(『대한민국 역사의 기로에 서다』, 144쪽)라고 하였다. 그러나 연간 2.3%의 성장률로는 30년간 170%의 성장을 이룰 수 없다. 총소득이 170% 성장했다고 하는데『한국민족문화대백과사전』18권(한국학중앙연구원, 1991, 441쪽) '인구' 조에 따르면, 같은 기간 중 한반도 인구는 1,312만 9,000명에서 2,295만 5,000명으로 75% 증가했고, 실질성장률은 30년간 총 54%로 연평균 1.3%에 미치지 못한다. 현금 지출이 늘어나는 '근대화' 과정 속에서 총체적으로 비참한 상황임이 틀림없다.

또 이영훈은 "1910~1940년간 연간 평균 3.6퍼센트 정도의 성장이 있었습니다. 동 기간 인구 증가율은 연간 1.3퍼센트였습니다. 이를 빼면 1인당 실질소득은 연간 2.3퍼센트의 수준으로 증가하였습니다."(『대한민국 역사의 기로에 서다』, 142~143쪽)라고 하였다. 이영훈은『대한민국 이야기』(기파랑, 2007, 88~89쪽)에도 거의 같은 내용을 적었다. 총생산이나 총소득의 근거 자료는 확인하지 못했으나 같은 기간의 인구 증가율은『한국민족문화대백과사전』에 나타난 연평균 2.0%가 틀림없다고 본다.

낙성대경제연구소의 연구원들이 계량적 자료에 중점을 두고 한국 경제사 분야에서 쌓아온 연구 업적 중에는 높이 평가할 것이 많다. 그러나 안병직 전 소장과 이영훈 소장이 학계 외부를 상대로 이 업적을 포장해 보여주는 방법에 문제가 있다. 연 3.6% 성장률을 밝혀낸 것은 훌륭한 연구 업적이지만, 이것이 마치 높은

성장률이었던 것처럼 들이대는 데는 정략적 의도가 엿보인다는
말이다.

달걀을 수탈하려면 닭에게 모이를 준다

뉴라이트 측은 수탈론에 반대하면서 일본 식민 통치는 16~17세
기에 아프리카와 아메리카에서 있었던 것처럼 악랄한 착취 체제
가 아니었다고 말한다. 그런데 대다수 수탈론자들도 그런 맹목적
착취 체제를 말하는 것이 아니다. 경제성장의 수준과 방향을 결
정하는 데 수탈 의도가 중점적으로 작용한, '합리적' 수탈 체제를
말하는 것이다. 달걀을 수탈하기 위해 닭에게 모이를 줄 줄은 아
는 체제.

　　허수열의 근대화론 비판서(『개발 없는 개발』, 은행나무, 2005)가 나
와 있지만, 식민지 경제체제와 관련해 더 널리 쓰이는 말은 '발
전 없는 성장'growth without development이다. 식민지 경제가 성장한다
고는 해도 덩치가 클 뿐이지, 발전의 주체로 자라날 길이 열리지
않는 것을 말한다. 본국 경제체제의 부속품으로 식민지의 역할이
제한되기 때문이다.

　　일본에서는 합병 이전부터 대량의 한국 쌀을 수입하고 있었
다. 일본의 산업화 과정에서 쌀 공급은 극히 예민한 과제였다. 일
본의 한국 통치에서 가장 중요한 정책이 쌀 증산이었다. 해방 무

렵까지 논의 70% 이상을 소수 지주가 소유하게 된 기형적 토지 소유 구조도 이 정책 목표를 달성하기 위해 만들어진 것이었다. 농지 소유를 집중하고 농업 노동을 저임금에 묶어놓는 것이 쌀의 대량 반출에 편리했기 때문에 조세를 비롯한 모든 정책을 꾸준히 지주층에 유리하게 펼친 결과였다.

쌀의 생산도 수출도 늘어났다. 그러나 이익을 거둔 것은 상당수 일본인을 포함한 소수 지주층이었고, 그들은 일본제 공산품을 수입해서 썼다. 민중의 소비 수준은 별로 올라가지 않았기 때문에 한국 내의 공업 생산에 큰 자극을 주지 못했다.

1930년대 들어 북한 지역에 중공업 건설이 시작되었다. 이것은 일본이 괴뢰 만주국을 세우고 '대동아' 건설에 나서면서 세운 입체적 개발 전략의 일환이었다. 많은 자본이 투입되는 주요 시설을, 중국과의 분쟁 소지가 있고 통치 전망이 아직 불안정한 만주 땅보다 식민지 체제를 확립해놓은 한국 땅에 배치한 것이다.

대형 공장이 여러 개 세워지고 이에 따라 한국의 공업 인구와 공업 생산도 크게 늘어났다. 그러나 이것은 일본 제국의 산업구조 안에서 부속적 역할을 가진 것일 뿐 내적 재생산 구조를 가지지 못한 것이었다. 한국인의 소득 증대는 하급 인력의 노임에 그쳤고, 연관 산업의 발전 여지도 극히 적었다.

식민 통치의 목적은 종속화

식민지 시대 한국에 근대화 현상이 일어난 것은 사실이고, 일본의 통치가 이 근대화에 작용한 것도 사실이다. 그러나 한국의 건전한 발전을 위해 일본이 꾸준히 노력했는가 하는 것은 별개의 문제다. '식민지 근대화론'은 그 시기에 근대화가 진행되었다는 단순한 사실만으로 입증되는 것이 아니다. 수탈론이라 해서 근대화의 사실을 일체 부정하는 것이 아니다. 한국을 수탈 대상으로 만드는 방향의, 건전하지 못한 근대화였다는 점을 지적하는 것이다.

뉴라이트는 일본의 한국 지배가 기본적으로 선의에 입각한 것이었다고 주장함으로써 한국에서 실제로 진행된 근대화가 당시 상황에서 최선의 길이었다는 인상을 주려 한다. 식민 통치자를 '악마'에 가깝게 그리는 극단적 수탈론과 반대로 근대화론자들은 '천사'의 모습으로 보려고 애쓰는 것이다. 이런 대목에서는 '실증'이 실종되어버린다.

예컨대 일본의 한국 병합 의도가 '영구 병합', 즉 일본의 완전한 일부로 만드는 데 있었기 때문에 한국을 무책임하게 수탈하지 않고 잘 키우려 노력했다고 말한다. 창씨개명을 시키고 일본어 사용을 강요한 '내선일체' 정책을 그 증거로 내세운다.(『대한민국 역사의 기로에 서다』, 131~132쪽)

근대 세계에 갑자기 내던져진 한국은 독립을 유지하기에 충분한 적응력을 가지지 못하고 있었다. 이것은 19세기 후반 제국주의 열강의 침략에 직면한 세계 각지 거의 모든 국가와 사회가 겪은 문제였다. 이 문제를 넘어서는 데 10여 년이 걸린 나라도, 100여 년이 걸린 나라도 있고, 아직까지 넘어서지 못한 나라들도 있다. 그러나 이것이 갑자기 주어진 근대적 상황으로 인한 일시적 문제였다는 사실은 분명한 것이다.

　일본의 한국 통치는 이 일시적 문제를 오래도록 스스로 넘어서지 못하도록 가로막는 것이었다. 그래야 종속적인 위치에 머물러 있으면서 일본의 이용 대상으로 남아 있을 수 있기 때문이었다. 그것이 당시 일본의 '합리적' 선택이었다. 인간을 '이기적 존재'로 규정하는 뉴라이트의 관점에서 일본 식민 통치자들만을 예외로 볼 까닭이 무엇인가?

식민 통치를 미화하는 까닭

일부 수탈론자들이 보여온 지나친 편향성에 대한 뉴라이트의 지적에는 나도 공감하는 바가 적지 않다. 우리 사회의 문제점을 제대로 인식하기 위해서도 식민 통치자를 짐승이나 악마보다 가능한 한 합리적 인간으로 보려는 노력이 필요하다.

　그러나 거꾸로 일본의 '선의'에 너무 매달리는 것은 편향성의 보정이 아니라 더 심한 편향성이 될 수 있다. 이명박 정부가 일본을 합리적으로 대하려 하지 않고 일본 우파에게 "우리가 남이가?"식 추파를 던지다가 독도 문제로 뒤통수를 얻어맞는 것이 그런 사고방식의 문제점이다.

수탈론의 지엽적 문제들을 지적할 때는 그토록 떠받드는 '합리성'이 근대화에 대한 일본의 공헌과 그 공헌을 뒷받침한 일본의 선의를 강조할 때는 어디로 가버리는 것일까. 식민 통치자를 가능한 한 합리적 인간으로 보자는 당부는 일부 수탈론자들보다 뉴라이트 근대화론자들에게 더 절실한 것 같다.

열강들이 식민지를 확보하려 애쓴 이유가 무엇이었는가? 제국주의의 속성에 관해서는 상식 차원에서 확립되어 있는 인식이 있다. 뉴라이트는 이 상식을 무시한다. 일본의 한국 식민지화가 야욕 때문이 아니라 자기방어를 위한 것이었다는 말까지 한다. 대동아전쟁 당시 "민족의 활동 공간을 확보한다"던 일본 군국주의자들의 선전을 아직도 곧이듣고 있는 자칭 '역사학자'들을 21세기 한국에서 보게 되어 놀라울 뿐이다.

일본은 1854년 미국의 함포 외교에 굴복해 개항했다. 메이지 유신으로 능동적인 근대화의 길을 연 것은 1868년의 일이었다. 그 14년 동안 혼란에 빠져 있던 일본을 식민지로 만들려고 달려든 열강이 없었던 것은 일본의 행운이다. 개항 후의 한국에는 그런 행운이 없었다. 자기네 활동 공간을 넓히고 싶어하는 열강, 일본이 바로 옆에 있었기 때문이다.

신흥 열강 일본은 유럽의 고참 열강들에 비해 구조적 문제를 많이 가지고 있었다. 그 부담으로 인해 일본은 자국 국민들에게까지 억압적인 군국주의 체제로 흘러가게 되었다. 식민지가 되는 것이 불가피한 상황이었다 하더라도 하필 그런 상황에 있던 일본에게 침략을 당했다는 것이 한국인에게는 겹쳐진 불운이었다.

어떤 '자유주의'인가?

'신자유주의'로 이름을 바꾸어 단 자유주의

2008년 노벨 경제학상을 받은 폴 크루그먼Paul Krugman의 화제작 『미래를 말하다』(예상한 외 옮김, 현대경제연구원BOOKS, 2008)가 얼마 전 번역 출간되었다. 이 책의 원제는 *The Conscience of a Liberal*(자유주의자의 양심)로, 여기에서 '양심'이란 말은 근년 '신자유주의'라는 이름으로 펼쳐져 온 미국 경제정책을 비판하는 뜻을 담은 것이다. 크루그먼은 이 책에서 상위 1%의 이익을 위한 비양심적인 정책이 미국 중산층을 무너뜨려 미국을 불안하고 위험한 사회로 만들어왔다고 지적한다.

　한국의 뉴라이트는 '자유주의'를 내세운다. 뉴라이트 비판자들이 흔히 '신자유주의'로 지목하는 것을 비껴가는 주장이다. 레이건Ronald Reagan 이래 미국이 이끌어온 신자유주의 정책이 널리 비판의 대상이 되어 있는 상황이 부담스러운 모양이다.

사실 신자유주의자로 지목되는 사람 중에 신자유주의라는 간판을 스스로 내세우는 사람은 어느 나라에도 없다. 다들 자유주의를 표방한다. 그런데 이들이 일반 자유주의 진영과 구별되는 특색이 있다고 보기 때문에 사람들이 여기에 '신'자유주의란 이름을 붙인 것이다. 과연 한국 뉴라이트의 자유주의는 '신' 자를 붙일 자격이 있을까, 없을까?

한국 정치계에서 민정당·신한국당·한나라당으로, 언론계에서는 조선·중앙·동아로 대표되어온 보수 우파는 기득권층을 옹호하는 '수구' 세력으로 지탄받는 일이 많다. 김대중·노무현 정권으로 대표되는 진보 진영은 보수 우파의 이 부정적 이미지에서 반사이익을 많이 얻어왔다(여기서 '보수 진영'과 '진보 진영'은 신한국당·한나라당과 그 대항 세력을 가리키는 상대적 의미일 뿐, 엄밀한 의미에서 '보수'와 '진보'를 말하는 것이 아니다).

뉴라이트의 대두 배경은 수구 이미지를 벗어나려는 '합리적 보수' 표방 분위기에 있다. 보수 우파에게도 양심이 있을 수 있으며, 그 정책 노선도 단순한 이기주의에 그치지 않고 국가와 사회를 위한 건전한 기준에 따라 세워질 수 있다는 주장이다.

이 주장을 내세우기 위해 불가결한 요소의 하나가 철학, 즉 세계관이다. 건전하고 양심적인 자세라는 믿음을 얻기 위해서는 어떠한 상황에서 어떠한 사안을 고려함에도 일관된 기준에 따라 태도를 정한다는 믿음을 주어야 한다. 어느 정권 때는 광우병의 위험에 대해 목소리 높이다 정권이 바뀌었다고 180도 뒤집는 식으로는 이런 믿음을 못 준다.

그래서 '~주의'란 이름이 필요하다. '~'에 뭔가 좋은 말을 넣어야 한다. 안보? 잘 팔릴 것 같지 않다. 평등? 사람들이 너무 웃을 것 같다. 민주? 특색이 없다. 자본? 속 보인다. 민족? 그건 싫다. 결국 택할 말이 '자유'밖에 없다. 어차피 비판자들도 '신자유주의'로 지목하고 있으니 글자 하나만 빼면 될 일 아닌가?

실제로 뉴라이트 핵심 인물들의 주요 주장이 자유주의에서 벗어나지 않는 것이 사실이다. 다만 문제는 자유주의가 포괄하는 범위가 너무 넓어서, 그 이름만으로는 현대 세계에서 하나의 정책 방향을 규정하는 의미가 약하다는 데 있다.

산업혁명의 선물, 자유주의

'자유주의'는 그저 억압보다 자유를 좋아한다는 뜻으로도 쓰이지만, 이것은 하나의 관용어일 뿐이다. 자유주의자liberal란 말이 분명한 실체를 가리켜 처음 쓰인 것은 1801년, 영국의 토리당이 휘그당 진보파를 비난하는 말로 쓴 때였다. 이 비난의 말을 진보파가 자랑스럽게 받아들이면서 실체 있는 자유주의가 나타났다.

자유주의는 19세기 유럽 사상계를 풍미했다. 왕권, 귀족, 교회가 대표하던 앙시앵레짐(구체제)에 맞서는 자유주의가 시대의 흐름을 탔다. 미국 독립(1776)과 프랑스대혁명(1789)의 진보 정신도 자유주의란 이름으로 정리되었다.

19세기 유럽에서 자유주의가 정치적 강세를 띤 데는 경제 자유주의의 공로가 컸다. 애덤 스미스Adam Smith의 『국부론』An Inquiry into the Nature and Causes of the Wealth of Nations(1776)으로 체계화된 경제 자유주의는 경제에 대한 국가의 역할을 제한하려는 입장이다. 인간을 이성적 존재로 보고, 따라서 그에 대한 국가권력의 간섭을 억제하는 것이 바람직하다는 자유주의 원리를 경제정책에 적용시킨 것이다.

국가의 역할에 대한 『국부론』의 관점에 대해서는 조금 설명을 덧붙일 필요가 있다. 18세기 유럽에서는 국가의 적극적 경제 개입을 주창하는 중상주의重商主義, mercantilism가 유행했다. 스미스는 국가의 중상주의 차원에서의 개입을 반대했지, 국가의 기본 역할을 부정한 것이 아니다. 그러나 근래 신자유주의자들은 스미스가 국가의 역할을 극히 부정적으로 보았다고 주장하며 자기네 자유방임 경제정책의 근거처럼 내세우는 경향이 있어 논란을 일으키곤 한다.

경제 자유주의의 성공은 산업혁명의 진행과 이에 따른 자본주의 발달에 힘입은 것이었다. 산업혁명과 자본주의 발달에 가장 앞선 영국에서 자유주의 흐름이 발원한 것도 이 때문이었다. 산업 경제 분야의 경쟁에서 터져 나온 자유경쟁 시장의 힘이 정치면에까지 영향을 끼친 것이 19세기의 전반적 추세였다.

경제 자유주의와 사회 자유주의

19세기 말까지 자유주의는 모든 선진국의 지배 담론이 되었다. 중요한 정책 논의가 모두 자유주의 틀 안에서 이뤄지게 되었다. 그러면서 자유주의의 내재적 모순이 불거져 나오기 시작했다.

가장 중요한 모순은 자유주의의 경제적 의미와 사회적 의미 사이에 있었다. 먼저 나타난 경제 자유주의는 국가의 간섭에서 자유로워야 한다는, 인권의 소극적 의미만을 주장했다. 이와 달리 19세기 후반에 형성된 사회 자유주의는 개인이 사회의 기본으로서 교육, 의료, 취업 등의 기회를 가져야 한다는 적극적 의미의 인권을 주장했다. 이전에 비해 확장된 인권의 의미를 보장하는 제도로서 국가의 역할을 크게 보는 입장이었다.

초기 자유주의의 도전 상대는 전제 국가와 교회 등 구체제였다. 19세기를 통해서 구체제가 약화되고 자유주의 원리가 현실을 지배하게 되면서 그 타당성에 대한 의문이 일어났다. 인간이 정말로 자기 득실을 스스로 판단할 수 있는 이성적 존재인가? 자유방임이 구체제 대신 새로운 억압 체제를 만들어내는 것은 아닌가?

19세기 말 유럽에서 산업 경제 부문은 국가와 맞서거나 국가를 이끌 만큼 자라나 있었다. 제국주의가 무한 경쟁의 양상으로 흐른 것도 산업 경제 부문의 압박 때문이었다. 개인의 자유도 정치적 억압보다 경제적 억압에 더 위협받는 상황이 되었다. 이 변화를 중시하는 사회 자유주의가 당시로서 진보적 대안을 찾는 노력이었다면, 자유방임 원리를 고수하는 경제 자유주의는 현상 유지를 꾀하는 보수적 입장이 되었다.

자본주의의 모순을 완화한 착근 자유주의

진보적 대안을 찾는 노력은 헨리 조지Henry George(『진보와 빈곤』 *Progress and Poverty*의 저자), 소스타인 베블런Thorstein Veblen(『유한계급론』*The Theory of the Leisure Class*의 저자) 등 제도학파institutionalism로 하나의 새 흐름을 만들었지만 자유방임의 큰 흐름을 뒤집지는 못했다. 20세기 들어 두 차례 세계대전과 소련 공산혁명으로 나타난 파국은 그 결과였다. 두 차례 대전 사이에 터진 대공황을 계기로 정부의 역할을 늘리는 변화가 미국의 뉴딜 정책 등으로 나타났지만, 누적된 모순을 해소시키지 못한 채 2차 세계대전을 맞았다. 2차 세계대전이 끝난 후 사회주의 진영과 체제 경쟁에 돌입한 자본주의 진영은 자유주의 원리를 지키면서도 사회적 모순의 완화에 큰 노력을 기울이지 않을 수 없었다. 복지국가 이념도 노동조합의 정치 세력화도 이 시기의 유화적 분위기 속에서 큰 발전을 이뤘다. 자본계급의 독주로는 사회주의와의 체제 경쟁에서 불리하기 때문이었다. 이 단계 자유주의를 '착근 자유주의'embedded liberalism라 부른다.

착근 자유주의가 널리 성공을 거둔 이유는 전 세계 경제의 빠른 성장에 있었다. 1차 세계대전·대공황·2차 세계대전의 혼란과 파괴를 넘긴 시점에서 그동안 축적된 기술 발전의 활용이 갑자기 넓혀짐에 따라 각지의 경제 개발과 재건이 급속도로 진행되었다. 이에 따라 파이가 급속하게 커지고 있었기 때문에 분배 문제에 여유가 있었던 것이다.

착근 자유주의의 성공적 행로는 1970년대의 스태그플레이션으로 흔들리기 시작했다. 남아메리카 농업 생산에 큰 타격을 준 1972년 페루 연안의 앤초비 흉어와 1973년 OPEC의 석유 감산 조치로 촉발된 스태그플레이션은 자원의 한계가 드러나는 데 따른 것이었다. 자원 공급은 기술 발전에 따라 무제한 확대될 수 있는 것으로 여겨지고 있었다. 이것이 착각으로 확인되고 환경문제도 심각해지면서 그때까지의 방만한 운영이 더 이상 불가능하게 되었다.

신자유주의의 효율성과 위험성

1970년대 경제 위기에 대한 대응책으로 나타난 것이 신자유주의 경제 전략이었다. 요컨대 이제 파이를 전처럼 키우지 못하게 되었으니, 더 이상 너그럽게 나눠줄 수 없다는 것이다. 노동의 가치보다 자본의 가치에 중점을 두는 이 전략은 빈부 격차를 늘림으로써 노동비용을 줄이고 경제활동 전반에 대한 자본의 지배력을 강화하는 것이다.

착근 자유주의에서 계급 간 타협의 통로 노릇을 한 것이 국가였다. 신자유주의 진영에서 주장하는 '작은 정부'는 바로 이 통로 기능을 없애고 줄이는 것이다. 자본계급에 대한 감세와 함께 국가의 복지 지출을 줄이는 것이 대표적인 신자유주의 정책이다.

웹 사전 『위키피디아』 영문판 http://www.wikipedia.org 은 지난 30년간 신자유주의 경제정책이 위세를 떨친 결과 나타난 현상으로 ① 국제무역과 자본 이동의 확대 ② 관세장벽의 제거 ③ 공공 부문 고용의 축소 ④ 공기업의 민영화 ⑤ 부의 집중 등을 꼽았다. 착근 자유주의에 이르기까지 자본주의의 모순을 완화하기 위해 기울여온 노력을 외면하고 19세기의 자유방임적 경제 자유주의로 돌아간 것이다. 그에 대한 비판은 ① 국가주권의 손상 ② 착취의 심화 ③ 환경의 악화 ④ 기업 권력의 확대 등에 집중된다고 한다.('Neoliberalism' 〔신자유주의〕 항목 참조)

신자유주의가 득세한 것은 뛰어난 효율성 때문이다. 효율성의 원천은 빈부 격차에 있다. 수력발전에서도 댐의 낙차가 커야 발전이 효율적으로 되는 것처럼, 계급 간 격차가 큰 사회가 더 큰 생산력을 일으킨다. 신자유주의 정책은 공산권 붕괴에 공로가 컸고, 그 여세를 몰아 그 후의 세계화 과정을 주도했다.

크고 높은 댐은 재료가 강인하고 구조가 정밀하지 못하면 붕괴의 위험이 크다. 근대 이전의 불평등 사회는 오랜 기간에 걸쳐 전통과 관습으로 구축되었기 때문에 상당한 내구력을 가지고 있었다. 신자유주의는 재산에 따른 계급 구조로 세계를 재편성하고 있다. 급속히 만들어지고 있는 이 구조물이 어느 정도의 내구력을 가질지, 낙관하기 힘들다. 신자유주의 비판자들은 이 구조물이 조그만 지진도 견뎌내지 못할 것이라고 본다.

승자를 받들고 강자를 좇아

이영훈은 일제 협력자 집단의 역할을 중시한다. 실무와 정보에 밝으면서 양반 관료에게 차별을 받던 중인 출신을 중심으로 개항기와 식민지 시기의 변화에 성공적으로 적응한 신흥 지주층을 내세운다. "그들의 사회적 성공을 가져다준 일제의 식민지 지배에 협력적"이었던 그들이 '한국의 근대화를 주도한 계층'이었다는 것이다.(『대한민국 이야기』, 98~101쪽) 이 전형적 친일파의 후손들이 해방 당시 고등교육과 재산을 갖춘 실력자 집단으로, 이승만의 대한민국에 포용됨으로써 대한민국 발전의 주체가 되었다는 것이다.

뉴라이트는 개항 이후의 한국사를 '문명화'의 역사라고 규정하는데, 그들이 제시하는 문명의 요건이란 사유재산권과 계약의 자유 등 바로 자본주의의 요건이다. 따라서 한국의 자본주의화에 잘 적응한 자들이 한국의 문명화를 이끈 역사의 주인공이라는 것이다.

지금의 '강부자' 집단과 해방 당시 이승만의 포용을 받은 '실력자' 집단은 자본주의화에 성공적으로 적응했다는 점에서 이영훈의 눈에는 같은 성격의 집단으로 보일 것이다. 이 집단에 들지 못하는 사람들은 항일 투사든 성실한 근로자든 모두 역사의 낙오자로서 대한민국에 가치 있는 공헌을 하지 못한 사람들이라고 그는 보는 모양이다. 그리고 그는 지금의 실력자 집단 역시 자기네에게 성공의 기회를 줄 어느 지배에 대해서도 협력적일 것을 기대한다.

뉴라이트는 역사 속에서도 승자의 입장을 떠받들고, 현실 속에서도 강자의 입장을 내세운다. 신자유주의의 문제점에 대해서는 다음 글에서 더 따져보겠지만, 뉴라이트는 '가진 자의 자유'만을 추구하는 신자유주의의 모범생이다. 대한민국을 '가진 자의 낙원'으로 만들려는 그들의 꿈이 과연 가능한 것일까?

이 질문에 자본가와 투기꾼의 대답이 다를 것이다. 자본가는 경제 안정과 공정거래가 이룩된 진짜 '가진 자의 낙원'을 바란다. 그들의 꿈에는 진정성이 있을 수 있다. 그러나 투기꾼은 요동치는 경제와 허점투성이 시장을 원한다. 그들이 낙원의 꿈을 내세우는 것은 그 꿈이 정말 이뤄지기를 바라서도 아니고 이뤄질 것 같아서도 아니다. 투기의 기회가 넘쳐나는 파탄 국면을 이끌어내기 위해서다. 자본가에게 만큼은 좋은 세상을 만들고 싶은 자본가라 하더라도 투기꾼의 유혹에 홀려 다녀서는 뜻을 이루지 못할 것이다.

어떤 '뉴코리아'를 바라보는가?

자본주의를 유일한 문명으로 보는 뉴라이트

뉴라이트 역사관에서는 '문명사'의 관점을 제창한다. 한국의 역사도 '문명화'의 시각에서 다시 보자고 한다. 그들이 말하는 '문명'이란 어떤 것인가?

이영훈은 "자유, 인권, 법치, 사유재산, 시장, 자기 책임 등"을 문명의 기초 요소로 정의한다.(『대한민국 이야기』, 46쪽) 이런 요소들을 제대로 갖춘 문명사회가 이 지구상에 출현한 것이 언제의 일이었을까?

모든 구성원이 이 요소들을 두루 누리는 사회를 바라는 것은 무리라 하더라도, 구성원의 상당수가 누리는 사회라야 문명사회라 할 수 있을 것이다. '상당수'를 구체적으로 어느 정도 비율로 보느냐 따지는 것은 난감한 일이지만, 이영훈의 뜻은 짐작할 만하다. 자본주의를 바탕으로 한 근대 시민사회를 말하는 것이 틀림없다. 여섯 가지 요소가 대개 근대에 발달한 자유주의를 전제로 하는 개념들이니까. 그리고 사유재산과 시장, 두 가지 요소는 자본주의의 핵심으로 중시되는 것들이니까.

앞서도 지적한 바 있지만, 자본주의를 곧 문명으로 보는 관점은 참 황당하다고밖에 말할 길이 없다. 부르주아사회 출현 이전의 모든 인류 역사를 야만으로 보는 것이 역사관으로 무슨 의미를 가질 수 있을까? 이런 관점은 문명의 의미에 대한 몰이해만이 아니라 자본주의의 의미에 대한 무지도 함께 드러내는 것이다.

이 책의 1장에서 지적한 것처럼 인간성을 선험적으로, 그것도 매우 편협하게 규정하는 데 문제의 실마리가 있는 것 같다. 이영훈은 이렇게 말한다. "인간의 본성은 자유이고 도덕적 이기심이고 협동 능력입니다."(같은 책, 21쪽) 모든 인간이 그렇다는 말인가? 인간의 본성이 그것들밖에 없단 말인가? 그는 이런 말도 한다. "인간을 계급적이며 공동체적인 존재로 규정한 사회주의자들의 인간 이해는 잘못이었습니다."(같은 책, 15쪽) 공산권 붕괴만을 보고 이런 판단을 할 수 있는가?

이영훈의 눈을 가리는 것은 공산권의 붕괴로 나타난 자본주의의 승리인 것 같다. 그의 역사 공부는 자본주의의 승리를 이해하는 목적을 벗어나지 않으며, 그의 인간 이해는 공산권 붕괴에 비쳐 보이는 범위를 넘어서지 않는 것 같다. 인류의 긴 역사를 통해 이런저런 기술 여건 아래 활용되어온 여러 제도 가운데 하나가 자본주의라는 사실도 그는 이해하지 못하는 것 같다.

자본주의를 역사적 현상으로 본 마르크스

자본주의 출현을 16세기로 보는 사람들이 많다. 16~18세기에 유행한 중상주의를 자본주의 초기 단계인 '상업자본주의'로 보는 것이다. 그러나 자본주의의 진면목을 드러낸 것은 18세기 말에 시작된 '산업자본주의'였다. 상업자본주의가 상업 분야에 한정된 현상이었음에 반해 산업자본주의는 정치와 경제, 사회와 문화에 전면적인 변화를 몰고 왔다.

마르크스Karl Marx가 『자본론』Das Kapital 초판을 내놓은 1867년 무렵에는 산업자본주의가 무르익을 대로 무르익어 금융자본주의로 넘어가는 추세가 나타날 때였다. 마르크스는 산업과 경제에서 시작해 당시 유럽을 휩쓸고 있던 변화의 흐름이 하나의 역사적 현상임을 인식하고 '자본주의'란 이름을 붙였다. 그리고 이 흐름이 장차 어느 단계에서는 파탄을 일으키고 공산주의로 대치될 것을 예언했다.

자본주의의 한계와 문제점에 대해서는 마르크스 이래 많은 탐구가 있어왔다. 사회의 조직 원리로서 자본주의가 가진 문제점을 천착하는 것이 주류다. 그런데 근래 와서는 환경론의 관점이 유력하게 제기되고 있다. 『자유의 생태학』The Ecology of Freedom(1982)에서 머리 북친Murray Bookchin이 한 말이 많은 사람들의 주목을 끌고 있다. "자연에 대한 인간의 지배라는 관념 자체가 인간에 대한 인간의 지배 때문에 성립되는 것이다."

환상의 콤비, 산업혁명과 자본주의

뉴라이트는 자본주의를 문명 그 자체로 볼 만큼 찬양하는데, 자본주의가 그토록 좋은 것이라면 왜 근세에 들어와서야 세상에 나타난 것일까? 적어도 농업문명 발생 이후의 인간 세계에는 시장이 어디에나 만들어져 인간 생활에 중요한 역할을 맡고 있었는데, 이 시장을 자본주의 원리로 운용하는 발전이 근세 이전에는 어째서 나타나지 않았던 것일까?

앞에서도 설명했듯 자본주의의 화려한 등장은 산업혁명을 배경으로 한 것이었다. 경제사학자들은 로마제국에서도, 9~12세기의 사라센제국에서도, 송대 이후의 중국에서도 자본주의 '맹아'를 찾아낸다. 그러나 그 맹아들은 꽃피우고 열매 맺지 못했다. 유독 19세기 유럽에서만 자본주의가 진면목을 드러내고 유럽인의 세계 정복을 위한 탈것이 되었다. 아니, 유럽인이 자본주의의 세계 정복을 위한 탈것이 되었다고 해야 할까?

자본주의 원리가 현실 속에서 작동하려면 '성장'의 동력을 필요로 한다. 통제경제는 정치의 동력이 시장의 움직임을 결정해주니까 따로 동력이 필요 없다. 반면 외부의 개입 없이 움직이는 자본주의 시장은 내부 동력을 필요로 한다. 중상주의 시대에는 대항해시대 이후의 해외 교역과 약탈이 동력 노릇을 해줬다. 이 동력이 어느 수준에 이르자 시장의 범위를 넘어 다른 부문에까지 힘을 뻗치게 된 것이 18세기 말 산업자본주의의 탄생이었다.

이때부터 자본주의와 산업혁명은 환상적인 콤비 플레이를 시작했다. 하드웨어를 맡은 산업혁명이 상품 공급을 늘려주면 소프트웨어를 맡은 자본주의가 사회조직을 바꿔가면서 더 큰 수요를 일으켜주는 것이었다. 1만 년 전의 농업혁명 이후 인류 역사상 최대의 기술적 도약인 산업혁명이 자본주의 대두의 배경인 것이다.

지구의 심복지환이 된 인류

농업혁명이 당시의 인류 사회에 어떤 체제 변화를 가져왔는지는 분명히 밝히기 힘들다. 농업혁명은 산업혁명에 비해 여러 곳에서 오랜 기간에 걸쳐 산만하고 완만하게 진행된 과정이었기 때문에 때와 장소에 따라 서로 다른 여러 체제가 나타났을 것이다. 그러나 분명한 것은 어느 곳에서나 시간이 지남에 따라 사회조직이 계속 변화를 겪었다는 사실이다.

산업혁명의 진행 과정에서는 자본주의가 사회조직 원리로서 가장 강력한 역할을 맡았다. 그러나 농업혁명 후의 농업사회 안에서 사회조직 원리가 변화를 겪은 것처럼 산업혁명 후의 산업사회에서도 사회조직 원리는 바뀔 것이다. 자본주의는 급속한 기술 발전의 배경 없이는 지속되기 어려운 문제를 지닌 제도이기 때문이다.

농업혁명도 산업혁명도 인류가 자연을 대하는 태도의 변화였다. 자연에 아무런 조작도 가하지 않고 다른 동물들과 별 차이 없는 방식으로 살아간 것이 수렵·채집 단계였다. 그러다가 지구의 표면을 체계적으로 관리해 곡물과 가축을 키우게 된 것이 농업혁명이었다. 자연이 던져주는 것을 '얻어먹는' 단계에서 자연의 식량 창고에 들어가 '찾아 먹는' 단계로 넘어온 것이라 할 수 있다.

산업혁명은 인류가 자연을 쥐어짜서 '뺏어 먹는' 단계로 넘어온 것이다. 지구의 표면에만 손대는 것이 아니다. 근육이고 뼈대고 내장이고 가만두는 것이 없다. 농업 문명 단계의 인류가 지구의 피부병이었다면 이제 심복지환心腹之患이 되었다. 아예 숙환宿患이 될지도 모른다.

지구가 처한 위기에 대해서는 환경과 생태 분야에서 심각한 지적이 많이 쌓여왔다. 이 글에 인용하고 싶은 것이 많지만, 설명을 간단히 하기 위해 인구와 에너지에 초점을 두고 이야기를 좁혀보겠다.

자원의 벽 앞에 선 자본주의

산업혁명 출발점인 18세기 말의 세계 인구는 약 10억으로 추산된다. 그 이전의 인구 증가율은 연 0.04~0.05%로 추정되니, 인구가 갑절로 늘어나는 데 1,000년 이상의 시간이 걸린 것이다. 그런데 인구가 10억에서 20억으로 늘어나는 데는 약 120년이 걸렸다. 그로부터 다시 갑절로 늘어나는 데는 겨우 50년의 시간이 걸렸다. 폭발적인 팽창이다.

200년 전보다 개체 수가 여섯 배로 늘어난 인류의 에너지 소비량은 얼마나 늘었을까? 지금 인류의 에너지 소비량은 1인당 평균 약 2.1kW다. 가장 큰 나라는 단연 미국으로 11.4kW, 그 밑으로 일본, 독일 등 선진국들이 6kW 수준이다. 가장 적은 나라는 방글라데시, 1인당 평균 0.2kW다.(『위키피디아』, 'World Energy Resources and Consumption' 항목 참조) 산업혁명 초기의 세계 평균은 지금의 방글라데시보다도 훨씬 낮았을 것이다.

문제는 평균 에너지 소비량이 인구 팽창보다 계속 더 빨리 늘어나고 있다는 것이다. 13억 인구의 중국은 개혁 개방 시작 후 2.5배 늘어나 1.6kW까지 올라와 있다. 세계 제일의 경제 대국을 이루겠다는 2030년까지 두 배 이상 더 늘릴 것이다. 1인당 0.7kW에 머물고 있는 11억 인구의 인도는 또 가만히 있겠는가?

산업화가 전면적으로 이루어진 상황에서 에너지는 '자원 중의 자원'이 되었다. 농산, 광산, 공산의 모든 생산 분야에서 에너지가 핵심 원료로 자리 잡았기 때문이다. 그런데 산업혁명 이후 최대의 에너지원이던 화석연료가 고갈을 목전에 두고 있다. 대체에너지 개발의 필요성이 오래전부터 부각되어 있지만, 아직도 돌파구는 보이지 않고 있다.

수요는 계속 늘어나는데 자원이 고갈되어간다면 희소성에 의해 가격이 올라가는 것이 시장의 기본 법칙이다. 그런데 세계는 오랫동안 에너지 저가低價 체제에 길들어 있다. 제국주의 시대에 자원 약탈을 위해 만들어진 저가 체제가 냉전 시대까지 계속된 것은 기름값 인상이 체제 경쟁에 불리하기 때문이었다. 1973년 석유파동 이후 유가 상승이 시작되었지만, 지난(2008년) 여름 기록한 바 있는 배럴당 150달러도 시장 법칙에 충분히 따라가지 못한 것이다.

냉전이 끝난 후에도 기름값이 완전한 자유방임에 맡겨지지 못하고 있는 것은 자본주의 체제 존속을 위한 성장의 열쇠가 거기 걸려 있기 때문이다. 시장 법칙에 맞는 수준까지 기름값이 올라갈 경우, 전 세계 경제가 마이너스 성장에 빠질 것이 예상된다. 고전적 자본주의 원리로는 그런 상황을 견뎌낼 수 없다. 플러스 성장 상황에서는 자본가와 노동자 모두가 체제 안정에 공헌하는 태도를 가질 수 있었지만 마이너스 성장 상황에서는 양쪽 다 태도가 바뀔 수밖에 없다.

새로운 계급사회를 바라보는 신자유주의

인위적 에너지 저가 체제는 1973년 이후 한계를 보이고 있다. 유가 현실화가 서서히 진행되는 가운데 고유가 시대에 대한 적응 방법이 모색되어왔다. 현 정부가 '7·4·7' 공약을 내걸 때는 임기 동안 유가 상승이 없기를 기도하는 마음이었을지 모르겠으나, 기도가 현실에 꼭 통하는 것이 아니라는 사실을 출범하자마자 깨닫지 않을 수 없었을 것이다. 금융공황까지 터져 나오니 신앙 자체를 지킬 수 있을지까지도 걱정된다.

이에 비해 신자유주의는 보다 현실성 있는 대응책을 내놓고 있다. 전 세계를 계급사회로 재편하자는 것이다. 인구의 대다수를 만족시킬 수 없는 상황이라면 힘 있는 자들을 최대한 만족시키고 나머지는 힘으로 누르면 된다는 것이다. '억울하면 출세하라'는 식으로 자유와 인권의 의미를 좁혀서 해석하면 말이 안 되는 것도 아니다. 그리고 언론 통제, 경찰력 강화 등 억압 체제 구축에 활용할 기술 발전도 쌓여 있다.

문제는 신자유주의 노선이 민족주의, 민주주의 등 기존 가치

체계를 뒤집는다는 데 있다. 그리고 더 근본적인 문제는 신자유주에서 인간관이 편협하고, 따라서 불안정하다는 데 있다. 지난 30년간 미국에서 민주주의 가치가 크게 훼손되었음에도 신자유주의에 대한 위협이 크게 일어나지 않았다는 사실에 신자유주의자들은 고무되어 있다. 그러나 미국처럼 문명 전통의 힘이 특별히 약한 사회가 아니라면 반응은 다를 것이다.

우리나라 뉴라이트가 기존 가치 체계를 뒤집는 데 힘을 쏟는 것도 신자유주의 노선 실행을 위한 노력이다. 민족주의가 드러난 타도 대상이고, 민주주의가 숨겨진 과녁이다. 역사에서 자본주의화 이외의 모든 의미를 지워버리려는 것이 뉴라이트 역사관이다. 한국인의 인간성이 그들이 규정하는 범위를 벗어나지 못할 만큼 빈약한 것일까? 한국 사회의 문명 전통이 한때의 상황을 틈탄 계급사회 편성 시도에 짓밟힐 만큼 허약한 것일까? 앞으로 밝혀질 일이다.

왜 민족주의를 미워하는가?

하이퍼내셔널리즘에 대한 반성

얼마 전 낸 책에서 내가 내놓은 큰 명제의 하나는 한국 사회가 하이퍼내셔널리즘에서 벗어날 필요성이었다. 나는 서언에서 입장을 이렇게 밝혔다.

> "우리 사회에 통용되고 있는 역사 서술은 안에서 보는 시각에 지나치게 얽매여 있다. 어느 책을 펼쳐보아도 민족의 역사를 아름답고 영광스러운 것으로 그리는 데 노력이 치우쳐 있다. 이것이 지나쳐 우리 민족과 관계를 맺었던 외부 세력을 모두 나쁜 놈 아니면 바보로 그리는 국수주의적 성향도 널리 나타난다.

한 개인이 자신을 성찰하는 시각에도 균형이 필요하다. 자신을 일방적으로 미화하고 정당화하려고만 드는 자기 중심적 인간은 사회에 잘 적응하기 힘들다. 하나의 사회도 자기 역사를 객관적으로 인식하지 못하고는 현실 세계 속에서 자기 위치를 제대로 파악할 수 없다."(『밖에서 본 한국사』, 9~10쪽)

내 역사관이 뉴라이트와 겹치는 것으로 오해하는 독자들에게는 민족주의에 관한 태도에 가장 큰 오해의 빌미가 있는 것 같다. 뉴라이트가 자기네와 다른 관점을 모두 '좌 편향'으로 보는 것과 마찬가지로, 하이퍼내셔널리즘 입장에서는 나나 뉴라이트나 같은 '반민족주의'로 볼 수도 있을 것이다. 그러나 나 스스로는 그들과 내 관점 사이에 가장 큰 차이가 여기 있으며, 그들 주장의 가장 큰 위험도 여기 있다고 생각한다.

민족주의와 민족지상주의 혼동하는 뉴라이트

뉴라이트의 민족 관련 논설은 두 개 층위에서 전개된다. 그 하나는 '민족주의'를 비판하는 것이고, 또 하나는 '민족'의 의미 자체를 부정하는 것이다. 일반인들에게 보다 익숙한 민족주의 문제부터 살펴보자.

"민족주의는 본래 배타적이고 폭력적인 이념"이라고 박지향 (서울대학교 서양사학과)은 조금의 여지도 없이 단정한다. 그리고 바로 이어서 '민족지상주의' 이야기를 한다. "우리 역사에서 특히 민족지상주의가 야기하는 문제점은 첫째, 그것으로는 고난의 우리 현대사를 제대로 인식하고 과거로부터 교훈을 얻을 수 없다는 사실이다. 〔……〕 민족지상주의의 또 하나의 문제점은 요즘 우리 사회에서 횡행하는 '우리 민족끼리'라는 논리와 관련된 여러 양태에서 잘 드러난다. 민족지상주의는 민족이 다른 모든 가치들을 압도하고 지고의 가치로 부상해야만 직성이 풀리는 것 같다."(박지향 외 엮음, 『해방 전후사의 재인식』 1권, 책세상, 2006, 13~14쪽)

박지향은 '민족주의'와 '민족지상주의'라는 두 말을 나란히 쓰고 있다. 민족주의가 곧 민족지상주의라는 뜻일까?

'민족주의' 언저리에는 여러 말들이 뒤섞여 쓰이고 있다. 민족주의라는 말 자체가 두 가지 방향으로 쓰인다. 근대 유럽에서 나타나 세계 각지로 퍼져나간 역사적 현상으로서 하나의 이념을 가리키는 좁은 의미로도 쓰이고, 민족을 중시하는 모든 사고와 정서를 포괄하는 넓은 의미로도 쓰인다. 민족주의 문제에 민감한 일본 지식층에서는 영어 'nationalism'으로 표현되는 범위를 '국가주의', '국민주의' 등으로 구분해보려는 노력이 있다. 그 밖에도 '국수주의', '애국주의' 등이 민족주의와 부분적으로 겹쳐 쓰이는 말들이다.

중국 조선족 사회에서는 '민족심'이란 말을 쓴다. 다민족 통합 국가이며 사회주의국가인 중국에서 정치적 느낌을 띠는 '주의'란 표현을 피한 것으로 이해되는 일이지만, 우리 사회에서 '주의'란 말을 남용하는 풍조도 반성해볼 만한 일이다. '민족주의'는 사실 별다른 정치적 의미 없이, '민족심'이나 '민족 정서' 같은 말로도 표현될 수 있는 뜻으로 쓸 때가 많다.

이런 소박한 뜻의 민족주의에는 배타성이나 폭력성이 꼭 따르는 것이 아니다. 내 가정을 사랑한다 해서 가정 이외의 사회조직 원리를 모두 배격하는 것은 아니지 않은가? 내 도시를 아낀다 해서 다른 도시에 꼭 불을 질러야 하는 것은 아니지 않은가?

박지향의 글에 쓰인 '민족주의'는 '민족지상주의'와 나란히 쓰인 것으로 보아, 그리고 "본래"라는 부사를 쓴 것으로 보아 민족지상주의보다 넓은 의미라고 봐야 할 것이다. 그런데 이를 "배타적이고 폭력적인 이념"이라 하는 것은 참으로 독단적이고 난폭한 규정이다.

있던 민족이 우긴다고 없어지나

이번에는 '민족'의 의미를 어떻게 부정하는지 보자. 이영훈은 이렇게 이야기한다. "〔……〕 그 민족이란 것이 우리가 생각해왔던 것만큼 확실한 실체가 아니기 때문입니다. 〔……〕 민족이란 20세기에 들어 구래의 조선인이 일제의 식민지 억압을 받으면서 발견한 상상의 정치적 공동체입니다."(『대한민국 이야기』, 20쪽)

그는 또한 "그렇게 인간들이 상이한 부류로 나뉘고 갈등하였던 사회에서 같은 땅에 살고 있다는 이유 하나만으로 주민 모두를 민족 내지 동포와 같은 큰 범주로 통합할 하등의 정치적 필연은 없었다. 그러니까 1920년대에 성립한 민족주의 역사학이 한국인을 두고 유사 이래 혈연·지연·문화·운명·역사의 공동체로서 하나의 민족이었다고 선언하였을 때, 그 위대한 선언은 본질적으로 신화의 영역에 속하는 명제였다"(「민족사에서 문명사로의 전환을 위하여」, 임지현·이성시 편, 『국사의 신화를 넘어서』, 휴머니스트, 2004, 92~93쪽)고 말한다. 박지향도 이에 호응한다. "민족 혹은 민족주의가 고래의 개념과 이념이라는 잘못된 인식이 팽배해 있는 실정에서 민족이란 신분적 차별이 존재하는 곳에서는 찾아볼 수 없는 것이라는 이영훈 교수의 주장은 옳은 지적이다."(「역사에서 벗겨내야 할 '신화들'」, 같은 책, 393쪽)

한국인이 단군 할아버지 이래 하나의 민족으로 존재해왔다는 선언이 신화의 영역에 속하는 명제라는 데 나는 동의한다. 그러나 조선 시대의 우리 조상들이 하나의 민족을 이루고 있었다는 사실에 대한 반증은 어디에 있는가? 같은 언어를 쓰고 하나의 국가에 속해 있으면서 주변의 중국인, 일본인, 여진족과 대비되는 정체성을 스스로 의식하는 집단이 존재하지 않았단 말인가? 이영훈이 말하는 "구래의 조선인"이 하나의 민족이 아니면 무엇이었단 말인가?

안병직은 비교적 상식적인 견해를 보여준다. "천 년 이상 지속된 동일 언어와 동일 문화와 통일국가의 경험을 지닌 우리는 비록 근대 이전이라 해도 서유럽의 근대 민족에 비견할 만한 사실상의 민족이 성립해왔다고 생각합니다."(『대한민국 역사의 기로에 서다』, 248쪽) 그러나 이영훈은 집요하다. "정약용 선생은 양반 관료를 군자지족君子之族, 하층 상민을 소인지족小人之族으로 나누어 표현한 바 있습니다. 이렇게 신분에 따라 족의 차별이 엄연한데, 모두가 하나의 동족이었다는 공동체 의식은 아무래도 무리였다고 생각합니다."(같은 책, 250쪽) '족'族 한 글자 나왔다고 민족을 쪼개려 들다니, 농담이라도 너무 썰렁한 농담이다. 민족이 "신분적 차별이 존재하는 곳에서는 찾아볼 수 없는 것"이란 박지향의 규정에는 어처구니없을 뿐이다. 1906년 핀란드의 여성 참정권 도입 전까지는 유럽에 민족이란 것이 없었단 말인가? 프랑스에는 1944년 여성 참정권을 시행하고서야 민족이 생겼단 말인가?

여우 피하려다 호랑이 만나는 '국사 해체' 주장

내가 임지현(한양대학교 사학과)의 '국사 해체' 주장을 유심히 살펴온 것은 공감하는 바가 있기 때문이었다. 국가권력에 조종된 민족주의가 동아시아 지역에서 "적대적 공범 관계"를 통해 시민사회의 역사의식을 규율하는 문제(「국사의 안과 밖—헤게모니와 '국사'의 대연쇄」, 『국사의 신화를 넘어서』, 24~28쪽)에 대해 나도 심각하게 생각한다. 왜곡된 민족주의에 민주적 가치가 억눌리는 현상에서 그의 문제의식이 출발한 것으로 나는 이해한다.

그러나 임지현의 주장에 꼭 따라다니는 질문이 있다. "대안이 무엇이냐?" 그는 이 질문에 시달린 끝에 이렇게 입장을 정리한다. "(……) 잘 기획된 대안이 의도하지 않은 또 다른 헤게모니를 만들어내고 그것을 정당화하지는 않을까 하는 우려 때문이다. 대안은 주어지는 것이 아니라 만들어지는 것이다. 그러므로 현재로서는 대안이 없다는 것이 '동아시아역사포럼'의 유일한 대안이다."(같은 글, 32~33쪽)

"또 다른 헤게모니"에 대한 그의 우려는 자신이 기획한 바로 그 책에서 현실로 나타난다. 서론 격인 그의 글 바로 뒤에 실린 것이 내가 앞에도 인용한 이영훈의 「민족사에서 문명사로의 전환을 위하여」이기 때문이다. 민족사를 넘어서려면 문명사를 바라보는 것이 타당한 일이다. 그러나 임지현이 대안 없이 비워놓은 자리를 기껏 차지하고 들어앉는 것이 무늬만 문명사인 자본주의화 역사라니, 답답한 일이다.

임지현의 문제의식에는 동의한다. 그러나 방법에 있어서 그의 '해체' 집착에는 동의하지 않는다. 민족주의의 적대적 공범 관계를 해소하는 데는 국사의 '재구성'이 더 온당한 길이 아닐까? 앞서 한 차례 옮겨놓았던 글을 다시 내놓겠다.

"인간의 문명이 도그마로부터 완전히 자유로울 수 있는가? 그럴 수 없다고 나는 생각한다. 도그마를 순화시켜나가는 과정이 바로 문명의 발달 과정이며, 순화된 도그마의 조화로운 균형이 바람직한 문명 상태라고 생각한다. 일체의 도그마를 배제한다는 것은 무리한 욕심이다."(『밖에서 본 한국사』, 15쪽)

민주주의 가치에 대한 민족주의의 위협을 해소하려는 동아시아역사포럼의 '대안 없는' 노력이 민족주의와 민주주의 모두를 위협하는 '또 다른 헤게모니'에게 틈을 주는 것이 안타깝다.

민족주의에 웬 색깔?

뉴라이트가 민족주의를 적대하는 태도는 이영훈의 글에 단적으로 나타난다. "그렇다면, 굳이 소리를 높여 민족주의를 비판해야 하는 이유가 무엇입니까. 다름 아니라 아직은 다른 어떤 이념도, 예컨대 민주주의나 자유주의도, 상대가 되지 않을 만큼 민족주의의 위력이 너무 거세기 때문입니다. 그 민족주의의 거대한 동원력이 정치적으로 악용된다면 그 후환은 정말 감당하기 어렵다고 생각합니다."(『대한민국 이야기』, 45쪽)

민족주의의 위력이 거세다는 점, 정치적으로 악용되면 후환이 클 수 있다는 점은 인정한다. 그래서 민족주의를 '비판'하는 것까지는 좋다. 그런데 민족주의를 '부정'하는 것은 전혀 다른 이야기가 아닌가? 이영훈은 이어 이렇게 말한다. "민족주의는 1945년 이전 구제국주의 시대의 어두운 정신사에 속한 것입니다."

어두운 정신사? 멋진 글 하나가 떠오른다.

"레토릭[프로파간다, 추종, 외교사령辭令, 수사] 특유의 본성은 '타자'가 갖는 응답의 자유를 매수한다. 그렇기 때문에 레토릭은 폭력 중에서도 가장 부정한 것이다. 레토릭의 폭력은 타성적 존재에 작용하지 않는다. 그 폭력은 어디까지나 자유를 뒤흔든다. 그래도 자유는 그야말로 자유이기 때문에 매수할 수 없을 것이다."(에마뉘엘 레비나스Emmanuel Levinas, 『전체성과 무한』*Totalit? et Infini*[조관자, 『해방 전후사의 재인식』 1권, 524~525쪽에서 재인용])

민족주의를 부정하기 위해 '민족'의 존재까지도 부정하려는 이영훈과 박지향의 태도를 앞에서 살펴보았다. 이영훈은 이에 그치지 않고 민족주의의 분열까지 획책한다. 그의 의도를 정확히 보여주기 위해 조금 길게 인용하겠다.

"문화적 또는 우파 민족주의의 사회적 기반은 계급적 또는 좌파 민족주의보다 훨씬 넓습니다. 계급 노선에 기초한 좌파 민족주의는 이미 사회주의 국제 체제가 붕괴한 마당에 점차 그 영향력을 잃어갈 수밖에 없습니다. 그런데도 그들이 아직 한국의 현실 정치와 남북 관계에 강한 영향력을 미치고 있는 것은 무엇 때문입니까. 바로 문화적 민족주의라는 우군이 있기 때문이지요. 실은 문화적 민족주의의 정치적 성향은 대단히 불안정하고 기회주의적입니다. 우파인 이상 그들의 현실 인식은 대개 보수적입니다. 그럼에도, 조금이라도 민족 문제와 관련된 이슈가 제기되면 쉽게 좌파 민족주의에 동조하지요."(『대한민국 이야기』, 53쪽)

내 주변에는 민족주의 성향이 강한 사람들이 많다. 그러나 '좌파 민족주의'라고 이름 붙일 만한 사람은 하나도 본 적이 없다. 어떻게 생긴 사람이 좌파 민족주의자일지 머릿속에 상상도 되지 않는다. 김대중·노무현 정권의 대북 포용 정책의 바탕이 된 것도 그냥 민족주의지, 어느 쪽 민족주의가 아니다. 민족주의를 통째로 '빨갱이'로 몰아붙일 수가 없어서, 쪼개서 따로따로 욕해야 하게 된 것이 그래도 좋은 세상이 온 덕분인가 싶어 그나마 기쁘다.

다시 주목할 것은 민족주의를 기회주의적 성향으로 몰아붙이는 이영훈의 '레토릭'이다. 현실 인식에 보수적이라 해서 뉴라이트처럼 민족주의를 등질 필요가 꼭 있는 것이 아니다. 그것이 불만스럽다고 해서 기회주의라고 매도할 것은 또 뭔가. '기회주의'란 말이 보통 사람들에겐 매우 모욕적인 말이라서 나는 이승만에게 그 말을 쓰면서도(『밖에서 본 한국사』, 290~292쪽) 무척 조심스러웠는데, 이영훈에겐 그렇지 않은 모양이다.

민족주의와 싸우는 희한한 극우파

한국의 뉴라이트가 민족주의를 적으로 삼아야 하는 것은 그들에게 대단한 불운이다. 뉴라이트가 신봉하는 신자유주의라는 것이 쉽게 말하면 극우파 이념이다. '촛불'을 둘러싼 뉴라이트계 단체들의 움직임을 통해 확인된 사실이기도 하다.

일본에서도 유럽에서도 민족주의는 극우파의 원동력이다. 박지향의 규정처럼 민족주의가 본래 배타적이고 폭력적인 것은 아니지만, 선동과 조작에 의해 그런 성향을 나타내기 쉬운 것은 사실이고, 그런 선동과 조작에 나서는 것이 늘 극우파였다.

엄청난 전략적 가치를 가진 민족주의란 무기를 뉴라이트가 채용하지 못하는 한국 사회의 행운은 새옹지마와도 같은 역사의 아이러니다. 이승만 정권은 겉으로 '반일'을 내세우면서도 대한민국의 기본 틀을 외세 의존적인 방향으로 짜놓았다. 박정희 정권은 민주주의 가치를 억누르는 데 민족주의를 활용했지만, 외세 의존적인 틀을 바꾸지 못했다. 그런 경험을 배경으로 민주화를 진전시킨 한국 사회에는 '관제 민족주의'를 세울 여지가 별로 남아 있지 않다.

그리고 남북 간의 화해가 한국 사회에 임박한 최대의 과제로 떠올라 있다는 사실이 뉴라이트의 선택을 압박한다. 김대중·노무현 정권이 길을 터놓은 긴장 완화를 (이영훈이 '기회주의자'로 몰아붙이는) 대다수 국민이 반기고 있다. 이미 자연스럽게 열려 있는 이 길에는 더 이상 선동과 조작의 여지가 없다.

그래서 뉴라이트는 '정면 돌파'를 선택했다. 민족주의를 무기로 이용할 여지가 없는 바에야 적군이 이용하지도 못하도록 무력화시키겠다는 것이다. 신자유주의 자체가 정면 돌파 전략이다. 자원 공급 감소라는 현실 변화 앞에서 계급 간 화해 노력을 포기하고 힘의 논리로 밀어붙이겠다는 것이다. 촛불 시위에 대한 이명박 정부의 정면 돌파 전략에 뉴라이트 계열이 앞장서는 것도 우연한 일이 아니다.

민족주의와 민주주의 가치를 모두 배척하는 뉴라이트의 신자유주의 노선은 이명박 정부의 행태에서 알뜰하게 확인되고 있다. 한국 사회의 발전에 큰 위협이다. 그러나 민족주의와 민주주의 가치가 더 투철하게 화합할 계기가 된다면 전화위복의 의미를 살릴 수도 있을 것이다.

왜 미국 아니면 못 살까?

원교근공에서 근교원공의 세계로

"기원전 3세기의 중국, 그리고 19~20세기의 세계에서 원교근공 책이 위세를 떨친 데는 어떤 조건이 작용한 것이었을까? 플러스 섬 게임의 상황이었다는 공통점을 우선 들 수 있다. 새로운 기술 체계가 광대한 영역으로 퍼져나가는 단계였기 때문에 자원 공급 이 무제한으로 보일 만큼 순조롭게 늘어나고 있었다. 늘어나는 자원의 적정한 소비를 위해서도 장기간의 대규모 전쟁이나 군비 확장이 바람직한 상황이었다.

원교근공의 세상은 매우 역동적이면서 위험한 세상이었다. 전체 시스템을 기준으로 보면 원교근공은 불합리하고 낭비가 많 은 정책이다. 가까운 상대와의 싸움은 전면적이고 지속적인 것이 되기 쉽다. 팽창 중인 세계가 아니라면 비용을 감당할 수 없는 정책이다."(『밖에서 본 한국사』, 328~329쪽)

냉전 체제는 원교근공의 체제였다. 지구 반대편에 있는 나라들끼리 편을 맺어 바로 이웃의 나라들과 적대하는 상황이 온 세계에 벌어졌다. 하나의 민족이 둘로 쪼개져 극한 대립을 계속한 한국은 그중에서도 심한 상황이었다.

공산권 붕괴 후 근교원공의 흐름이 세계를 휩쓸기 시작했다. 가장 확실한 성과를 보이고 있는 것은 유럽연합이다. 남아메리카에는 좌파 정권 연대가 형성되어왔고, 이슬람권에도 지역 연대 추세가 나타나고 있다.

한국 역시 중국과의 관계가 크게 발전한 데다가 남북 간의 긴장 완화로 이 흐름 안에 들어와 있다. 한국의 움직임이 아직 빠른 편은 아니지만 흐름을 타고 있는 것은 분명하다. 그렇다면 미국과의 관계는 줄어드는 추세에 접어들어 있는 것인데, 이 추세를 뒤집으려는 정치 세력이 있어서 전망을 어지럽게 하고 있다.

절대적인 것이 사라지고 있는 세상

냉전의 종결을 가져온 공산권 붕괴는 자원 공급의 한계 때문이었다. 1970년대 석유파동으로 자원의 한계가 드러났을 때, 미국은 긴축으로 안정을 추구하기보다 오히려 군비 확장에 박차를 가해 소련의 경쟁 포기를 이끌어냈다. 냉전의 마지막 고비는 '치킨 게임'(배짱 약한 쪽이 먼저 포기하게 하는 게임)의 양상이었다. 미국은 이 승리를 발판으로 세계화를 주도하는 위치에 서게 되었다.

새로운 흐름 속에서는 전에 절대적이던 것이 모두 상대적인 것으로 바뀌고 있다. 한국의 안보에도 냉전 시대와 같은 공산권의 절대적 위협이 사라졌다. 중국도 러시아도 한국의 '주적'主敵이 아닌 교역과 교류의 상대가 되어 있다. 북한도 아직은 긴장 완화 수준이지만, 이미 20년 전과는 전혀 다른 존재가 되어 있다.

이 상황 변화 속에서 미국과의 관계는 어떻게 변하고 있는가? 절대적 의미의 '혈맹' 관계가 더 이상 존재할 상황이 아니라는 것은 분명하다. 그렇다 하더라도 미국이 한국에게 가장 중요한 동맹자로서 특수 관계를 계속해나갈 만한 상황이기는 할까?

모든 관계는 쌍무적인 것이다. 미국과의 관계를 생각할 때 우리의 필요만 생각하지 말고 미국이 새로운 상황 속에서 과연 한국을 어떻게 필요로 하는지 생각해볼 필요가 있다.

미국의 신제품, 대한민국 건국

2차 세계대전이 끝난 후 미국군은 일본, 남한, 그리고 서태평양의 섬들에 군정을 시행했다. 중국과 동남아시아 방면을 제외한 일본 제국을 접수한 셈이다. 군정 지역에서 키워낸 가장 중요한 맹방이 한국과 일본이다. 일본은 지도층과의 타협을 통해 기존의 국가에 약간의 변화를 가한 뒤 다시 출범시켰다. 망가진 국가를 수리한 것이라 할 수 있다.

한반도의 38선 이남에 세운 국가는 이와 달리 미국의 신제품이었다. 공산 진영과의 가장 중요한 대치점의 하나인 이곳은 미국에게 동방의 교두보였다. 미국은 장기간 관리하기에 좋은 국가를 세우기 위해 최선을 다했다. 첫번째 조치는 임시정부와 조선건국준비위원회 등 자생적 지도력을 무력화하는 것이었고, 다음 조치는 반공 세력을 키우는 것이었다.

임시정부는 중국에서 활동할 때 국민당 정부의 지원을 받으면서 공산 세력과 거리를 두고 있었다. 그러나 독립운동가들 중에는 좌익 사상을 가진 사람들이 많았고, 김구 등 임시정부 지도자들은 이들을 폭넓게 포용하려는 입장이었다. 적어도 친일파보다는 좌익을 건국 과업에 더 적합한 인재 집단으로 보았다. 미국은 이것을 용납할 수 없었다.

미국은 일본과 피터지게 싸웠지만, 전쟁이 끝나고 나자 일본 제국의 반공 전통을 요긴하게 여기는 입장이 되었다. 천황제를 존속시키는 등 일본의 개조를 최소한으로 한 것도 그 까닭이었다. 일본의 지배를 받던 한국에도 일본의 통치 체제를 최대한 되살려내는 것이 미국의 기본 방침이었다.

이 방침에 부응하는 역할을 맡은 것이 이승만이었다. 해방 당시의 이승만은 독립운동가들 사이에 신망도 흔들리고 추종 세력도 없는 한 노인이었다. 30여 년간 미국에서 살아온 그의 유일한 밑천은 미국을 어느 한국인보다도 더 잘 아는 것이었고, 그 밑천이 그를 해방 공간의 남한에서 승리자로 만들었다.

아직 매카시즘이 휩쓸기 전, 냉전 체제 형성 과정 중의 미군정이 강경한 반공 노선을 고착시키기 전부터 이승만은 반공에 주력했다. 자신이 권력을 쥘 수 있는 유일한 길이기 때문이었다. 친일파 포용은 반공과 동전 앞뒷면이었다. 일본의 패전으로 불안에 떨고 있던 친일파, 특히 군인과 경찰 출신이 모여들어 이승만의 세력 기반을 만들어주었고, 이들과 공생 관계를 맺은 이승만은 대한민국을 폭력 국가로 만들었다.

졸개가 더 이상 필요 없는 보스

1882년 조·미 수호조약으로 한미 관계가 시작되었다고는 하지만, 1945~1948년의 미군정은 그 이전과 전연 다른 차원에서 새로운 관계의 시작이었다. 1948년 8월 15일의 정부 수립을 뉴라이트는 '건국'이라 부르며 대단한 의미가 있는 일처럼 야단법석인데, 이 정부 수립은 한국인의 염원보다 미국의 필요에 따라 이뤄진 것이었다.

당시 한국인의 큰 염원은 민족국가와 민주주의였다. 아무리

이승만을 떠받드는 자라도, 당시의 대한민국이 이 염원을 채워주는 최선의 방향으로 움직였다고 주장하지는 못할 것이다. 그런 불행한 사정은 크게 보아 당시 세계정세에 기인한 것이었거니와, 직접적으로는 미국의 이해관계가 한국인의 선택을 제한한 결과였다.

미군정에서 대한민국 정부로 통치 주체가 바뀐 후에도 미국의 영향력은 크게 줄어들지 않았다. 오히려 한국전쟁을 계기로 한국에 대한 미국의 개입 수준은 더 높아졌다. 1950~1960년대 한국은 초라한 국력에도 불구하고 미국에게 대단히 중요한 나라의 하나였다. 1970년대 들어 중국이 국제 무대에 나오면서 냉전 맥락의 특수한 중요성이 한 등급 떨어졌고, 공산권 붕괴 후로는 그 중요성이 사라졌다.

1990년대 이후 미국의 역할은 냉전 체제의 맹주에서 세계화의 조종사로 바뀌었다. 이스라엘이나 대만처럼 극히 특수한 경우를 제하면 이제 미국은 어느 나라와도 보호-피보호 관계를 필요로 하지 않는다. 경쟁자가 있을 때는 졸개를 확보하기 위해 두목이 용돈도 풀어주고 하지만, 이제 졸개도 필요 없다. 가끔 하나씩 시범으로 패줄 때는 혼자 힘으로 충분하다.

러시아와의 관계에도, 중국과의 관계에도 미국은 한국이라는 지렛대를 특별히 필요로 할 일이 없다. 국력이 꽤 자라난 이 나라와의 경제 관계를 유리하게 끌어가는 것이 중요한 일일 뿐이다. 미국에게는 자신들에게 기대던 오랜 습관을 버리지 못하는 한국인들이 있어서 다른 데 팔아먹기 힘든 불량 쇠고기를 덥석 받아주면 그저 횡재일 뿐이다. 보상으로 뭘 내놓을 필요도 없다. 지명위원회의 독도 표기에나 신경 써주는 척하는 정도로도 그저 감지덕지하니까.

'뉴'라이트 아닌 '올드'라이트

미국의 이러한 입장 변화는 머리가 조금이라도 돌아가는 사람이라면 모를 수가 없는 것이다. 그런데 냉전이 끝나고 20년이 되어가는 지금까지 '혈맹'을 오매불망하는 사람들 머리는 어떻게 된 것일까?

이 글을 『프레시안』에 연재할 때 독자의 댓글 중에 당시의 '뉴라이트재단'(이 단체는 그새 '시대정신'으로 간판을 바꿔 달았다)과 '뉴라이트전국연합'을 내가 혼동한다는 지적이 있었다. 사실 어느 쪽이나 여러 사람이 참여하는 움직임인데, '뉴라이트'라는 이름 하나로 모든 사람의 생각과 성향을 정확하게 그려낼 수는 없는 것이다. 내 비평의 일차적 대상은 교과서포럼 등 (구)뉴라이트재단 쪽 사람들이 공개적으로 표명한 역사관이다. 그러나 그 역사관의 특징이 뉴라이트전국연합 쪽의 정치적 움직임과 일관된 흐름을 보이는 것은 하나로 묶어서 취급한다. 뉴라이트전국연합만이 아니라 이명박 정부도 뉴라이트 역사관과 연결된 흐름을 본색으로 드러내고 있다. 이것도 비평의 범위에 들어간다.

뉴라이트가 반대자들에게 '뉴'라이트가 아니라 '올드'라이트라고 비판받는 가장 두드러진 이유는 미국과의 특수 관계에 대한 집착에 있다. 이 집착은 남북 대결을 고착시키려는 의도와 이어진 것이다. 이승만을 떠받들고 '건국'을 과대 포장하는 뉴라이트 역사관의 목적은 바로 이 '통미봉북'通美封北 전략을 뒷받침하는 데 있는 것으로 보인다.

중국과 러시아는 미국과의 관계에 얼마간 긴장의 측면을 가지고 있다. 이 긴장은 냉전 시대의 숙적이라서 남아 있는 것이 아니라 두 나라가 미국 못지않은 국토와 인구를 가진 대국이기 때문에 생기는 것이다.

북한이 미국과 긴장 관계를 가지고 있는 것도 체제 경쟁의 상대로서가 아니다. 이제 북한의 의미는 미국의 새 역할과 관계된 "악의 축"으로 바뀌어 있다. 한국에도 북한의 위협은 억압 체제를 정당화해주는 긴박한 것이 아니다. 북한의 존재를 부정적으로 보는 사람들도 북한을 위협보다 부담으로 보게 된 지 오래다.

새로운 세계의 부적응 국가, 미국

산업혁명 이래 두 세기 동안 계속된 자원 공급의 폭발적 팽창이

1970년대를 고비로 한계를 드러냈다. 여러 세대 동안 인류가 겪어보지 않은 새로운 상황이 닥친 것이다. 에너지와 환경이란 두개 측면에서 인류의 지속적 경제성장이 불가능하다는 진단이 나와 있다.

새로운 상황에 적응하기 위해서는 가치관을 전면적으로 바꾸는 철학의 전환이 궁극적으로 필요하다. 그에 이르기 위해서는 상당한 시간과 많은 고민이 필요할 것이다. 그에 앞서 우선 필요한 것은 전략의 전환이다. 기존 가치관을 미처 버리지 못한 채로라도 파국을 늦추고 시간을 벌기 위해서는 상당한 범위의 행동방식을 당장 바꿔야 할 것이다.

유럽 국가들은 그 노력을 이미 시작했다. 선진국 가운데 그노력을 가장 외면하고 있는 나라가 미국이다. 세계 인구의 5%를 가지고, 에너지의 25%를 소비하며, 전 세계 군사비 지출의 절반 이상을 차지하고 있는 미국이 자기 몫을 줄일 생각을 하지 않는 것이다.

미국이 세계화에 앞장서고 있지만, 사실 세계화는 어차피 진행되지 않을 수 없는 변화다. 문제는 미국이 세계화를 바람직한 진로로 이끄느냐 하는 것이다. 미국이 이끄는 세계화는 근대적 행동 방식을 무제한 확장하는 신자유주의 이념에 휩쓸리고 있는 것이 문제다. 간단하면서도 힘 있는 논리다. '너희도 나처럼 잘살고 싶어? 그럼 나처럼 해.' 마치 피라미드 사기 같은 수법이다.

우리에게도 이미 꽤 익숙해진 중산층 생활양식. 자가용 승용차에 냉난방 갖춘 널찍한 주거. 세계 인구의 대다수가 이런 생활양식을 누린다는 것은 불가능한 일이다. 지구가 단 몇 년도 견뎌내지 못할 것이다. 파국은 닥치게 되어 있다. 그나마 브레이크를 빨리 밟아야지, 목전의 승리에 도취한 신자유주의 노선에 계속 말려들다가는 엄청난 충격이 쌓일 것이다.

자원 한계 무시하는 캐치업 이론

지구의 위기를 내다보는 사람들에게는 미국이 "악의 축"처럼 보인다. 그러나 이 '악'은 부시George W. Bush처럼 기독교 근본주의에 입각한 도덕적 개념이 아니다. 미국은 새로운 상황에 적응하기가 힘든 것이다. 대다수 국민이 풍요를 누리는 상황이 반세기 넘게 계속되어온 나라다. 투표마다 세금 줄이겠다는 쪽으로 표가 쏠리는 것은 잃는 것이 두려운 마음 때문이다. 그 뻔한 결과로 중산층의 발판이 무너져 들어오지만, 목전의 득실에만 매달리는 투표 성향은 쉬 바뀌지 않는다. (공화당과 민주당 사이의 정권 교체가 있어도 이 추세가 바뀌지 않은 지 오래되었다. 이번 오바마 당선으로 모처럼 분위기의 큰 변화가 기대되고 있다.)

새로운 상황에 미국이 적응하기 힘든 것은 사회 내부 구조에 쌓여 있는 관성 때문이다. 이보다 약하지만 비슷한 관성이 한국

사회에서도 작동한다. 이정우가 '7·4·7'을 "다른 나라 보기에 부끄러운 유치한 공약"(『경향신문』, 2008년 8월 28일자)이라 한 것은 바로 이 문제, 성장 지상주의에 머무를 수 없는 상황 변화가 한국 정치에 제대로 반영되지 못하고 있는 현실을 한탄한 것이다.

안병직은 고속 성장의 계속으로 선진국 진입이 가능하다는 '캐치업 이론'을 내놓는다(이 책 8장 참조). 경제학자가 아닌 내게는 이 이론을 정밀하게 따질 능력이 없지만, 이 이론에서 전 지구적 자원 조건의 변화를 감안하지 않은 것은 분명하다. 1970년대부터 드러나 이제 명약관화한 사실로 확인되고 있는 이 변화를 외면하는 데는 대단한 의지력이 필요할 것 같다.

뉴라이트의 신자유주의 경제정책 주장을 보면 '죄수의 딜레마'(이 책 9장 참조) 생각이 난다. 집단의 구성원이 파편화되었을 때 각자의 '합리적' 판단이 집단 전체의 득실에 불리한 쪽으로 귀결될 수 있다는 문제다. 나의 이익에 100% 가치를 두고 내 이웃의 행복에 아무 가치도 두지 않는 사회가 멸망을 피할 길이 없다는 사실을 이 딜레마가 보여준다. 인간의 이기심만으로 사회가 발전할 수 있다는 자본주의 이념은 자원 팽창 상황에서만 유효한 것이다.

뉴라이트는 한국 근현대사를 자본주의 발전의 단선적 역사로 본다. 그 기준 하나로 일제 통치도, 이승만과 박정희의 독재도 모두 정당화하려 든다. 이 관점이 외교에서는 미국에 맹종하며 북한을 외면하고 중국을 도발하는 태도로 나타난다. 자본주의 발전 역시 역사의 한 측면이니, 그것을 중시하는 것을 탓할 생각은 없다. 그러나 그것 외의 모든 것을 무시하는 것은 학문으로서도 가치 없는 태도며, 현실 정치를 파탄으로 이끌 수 있는 길이다.

선진화, 어느 방향인가?

민영화가 '선진화'로 둔갑한 사정

요즘 '선진화'란 말이 '민영화'를 대신해서 많이 쓰이고 있다. 촛불 시위에 밀려 과도한 민영화를 삼가겠다고 약속을 해놓고도 끝내 포기할 수 없어 이름을 바꿔서라도 추진하려니, 아비를 아비라 부르지 못하는 길동의 심정과 같을 것이다.

왜 '민영화'란 이름에 민감한가? 신자유주의의 대표적 정책이며, 신자유주의 정책을 시행한 여러 나라에서 큰 부작용과 반발을 불러온 정책이 공기업 민영화이기 때문이다.

경제 자유주의에 입각한 고전적 자본주의 이념은 국가가 시장에 개입하지 않을 것을 요구한다. 사유재산권과 계약의 자유 등 시장 원리를 보장하는 관리자의 역할에 그치고 경제 주체로 나서지 말아야 한다는 것이다. 국가권력의 '시장 왜곡'을 꺼리는 것이다.

이 책 4장에서도 설명했듯이 이런 주장은 자본주의 초기 단계라 할 수 있는 18세기 중상주의 시대에 국가가 적극적 경제정책을 구사하는 풍조에 대한 반발로 나온 것이었다. 19세기를 지나면서 산업자본주의 발달에 따라 시장이 엄청나게 확대되고 국가의 역할이 상대적으로 축소되어 자유 시장 원리가 거의 완벽하게 실현되는 단계에 이르자 그 한계에 대한 성찰이 나오기 시작했다.

'공기업'은 국가가 경제 주체로 시장에 나서는 현상이다. 시장을 자유방임으로 놓아두어야 경제가 잘 돌아간다는 자유 시장 이념에서 벗어나는 이 현상은 자유 시장 원리에 한계가 있다는 인식을 바탕으로 투철한 원리보다 현실과의 타협을 추구한 결과다. 따라서 그 타당성은 현실 조건에 비추어 평가될 수밖에 없다.

현실 조건이나 그에 대한 관점이 바뀔 때마다 공기업의 타당성은 재평가를 받고 그 결과에 따라 민영화 확대가 이뤄지기도 하고 국유화(또는 공영화) 조치가 취해지기도 한다. 과연 이명박 정부는 어떤 근거로 어떤 평가를 내렸기에 대대적 민영화를 주요 정책 방향으로 세우게 된 것일까?

자연독점의 문제

일반적으로 민영화를 주장하는 사람들은 자유주의 원리를 철저히 적용함으로써 대상 기업의 능률을 올릴 수 있다고 주장한다. 이윤을 추구하는 기업 정신이 있어야 네 것도 아니고 내 것도 아닌 관료주의를 벗어날 수 있다는 것이다. 정치적 목적이 아닌 경제적 목적에 기업 운영을 집중할 수 있고, 경영의 책임도 막연한 유권자 집단보다 명확한 주주들을 상대로 할 때 더 분명할 수 있다고 한다.

민영화의 능률 향상 경향은 널리 인정되는 사실이다. 그러나 모든 경우에 적용되는 불변의 진리는 아니다. 대표적인 문제가 '자연독점'natural monopoly 현상이다. 시장의 자유경쟁에 맡겨놓을 경우 능률적 운영이 되지 않는 영역을 말하는 것이다. 방대한 설비투자가 필요하고 하나의 설비 세트가 시장 전체의 잠재수요를 충족시킬 수 있는, 이른바 '네트워크 산업'이 이 영역의 대표적 사업 분야다.

요즘 수돗물 민영화 가능성을 가지고 말이 많은데, 수돗물을 가지고 1850년대 영국 사회가 큰 홍역을 치른 일이 있다. 산업도시의 발달로 수돗물 수요가 급증하고 있던 당시, 수돗물의 절반 이상을 민간 회사들이 공급하고 있었는데, 경쟁 때문에 수익성이 낮아서 수도 회사들이 설비투자를 제대로 하지 않는 바람에 물 공급이 원활하지 못한 상황에서 전염병이 창궐해, 큰 희생을 본

뒤에 전면적 공영화로 넘어갔다.

철도, 우편, 상하수도, 도시가스, 전기, 통신 등 자연독점 분야 사업들은 대중의 복지에 밀접한 관계를 가진, '공공성'을 가진 분야이기도 하다. 이런 분야 사업을 영리를 목적으로 하는 민간 업자가 맡을 경우 여러 가지 문제가 일어날 수 있다. 설비투자가 큰 사업에서는 시장점유율이 극히 중요하기 때문에 경쟁이 극한으로 치닫기 쉽다. 경쟁이 일단 제거된 뒤에는 독점의 횡포가 매우 심해지고, 외진 곳의 교통이나 우편처럼 수익성이 낮은 경우는 서비스가 원활하게 제공되지 못하는 수도 있다. 장기적 설비투자에 있어서도 사회의 수요에 대비하는 기준과 회사의 이익을 위한 기준 사이에 차이가 있다.

한국에서도 유선전화의 경우에는 공기업의 독점을 푸는 변화가 일어났다. 선로는 한국통신이 계속 독점하고 있지만, 그 이용을 놓고는 여러 회사가 경쟁하는 체제가 되었다. 이것은 기술 발달에 따라 자연독점의 특성이 없는 영역을 구분해 민간으로 돌릴 수 있게 된 것이다. 과거에는 공기업 독점을 피할 수 없던 분야들에 대해 기술 조건 변화에 따라 민영화 가능성을 검토하는 일은 앞으로도 계속 있을 것이다.

캐치업 이론의 비현실성

그런데 지금의 '선진화' 바람이 불안한 것은 기술 조건 변화에 의거한 실용적 기준이 아니라 집권 세력의 취향에 따라 도매금으로 결정되는 것으로 보이기 때문이다. '민영화'란 말 대신 쓰는 '선진화'란 말이 뉴라이트 역사가들에게 무슨 뜻으로 쓰인 것인가 살펴볼 필요가 있다.

안병직과 이영훈은 『대한민국 역사의 기로에 서다』에서 대한민국 60년사를 '건국의 시대'(1948~1960), '개발의 시대'(1961~1987), '민주화의 시대'(1988~2007)로 구분하고 2008년 이후를 '선진화의 시대'로 설정했다.

선진화의 구체적 내용을 안병직은 이렇게 말한다. "빈곤을 완전히 추방하고 사회적 복지의 확충을 위해 1인당 소득이 적어도 10~20위권으로 진입해야 합니다. 2006년 현재 1만 8,000달러니까 동일 가치로 3만 달러는 되어야 합니다. 그러기 위해서는 앞으로 10년간 세계 평균 성장률의 1.5배에 해당하는 6퍼센트 정도의 고성장을 이어갈 필요가 있습니다. 이와 같이 경제 발전과 사회 발전을 병행하는 것이 선진화입니다."(293~294쪽)

한국이 향후 10년간 세계 평균의 1.5배 고성장을 이어갈 수 있는 조건이 무엇일까? 안병직은 앨런 아브라모비츠Alan Abramowitz의 '캐치업 이론'에서 그 가능성을 찾는다. 아브라모비츠는 1986년에 발표한 논문에서 '사회적 역량'social capabilities(안병직은 '사회적 능력'이라고 번역했다)을 가진 후발국이 자유롭게 선발국의 선진 기술을 전수받을 경우 선발국보다 빠른 경제성장을 통해 생산성과 소득수준을 따라잡을 수 있다고 했다. 1945~1970년 유럽 국가들, 그리고 그 이후 한국을 비롯한 신흥 산업국들의 고속 성장을 설명한 것이다.

앞서도 말했지만 경제학 전공이 아닌 내게는 캐치업 이론의 타당성을 따질 능력이 없다. 그러나 안병직의 설명(같은 책, 78~86쪽)을 보아서는 한국의 향후 고속 성장이 오히려 어렵다고 판단할 근거로 보이는 이론이다. 지금 다른 나라는 제쳐놓고, 중국과 인도가 캐치업 효과를 가장 크게 볼 위치에 있다. 인구 20억이 넘는 경제권이 고속 성장의 궤도에 올라선 이제 한국으로서는 세계 평균 수준의 경제성장을 유지하는 것도 만만치 않은 일이다.

이런 상황에서 '7·4·7'은 유치할 뿐 아니라 황당한 공약이었으며, 경제성장률 역시 세계 평균 이하로 낙착될 것이 이미 확실해지고 있다. 고속 성장이 불가능한 상황이라면 그에 맞춰 정책을 세우는 것이 최선의 길 아니겠는가? 그런데도 뉴라이트는 고속 성장 정책을 부추기고만 있다. 부적합한 상황을 무릅쓰고 고속 성장을 추구하려면 비상한 수단을 쓰지 않을 수 없을 것이다. 대규모 민영화가 그 비상한 수단이 아닌가 걱정되는 것이다.

비상한 목표를 위한 비상한 수단

공기업의 대규모 민영화가 과연 경제성장에 도움이 될까?『위키피디아』에서는 제조업이나 판매업 분야에서는 민영화가 능률 향상에 도움이 되는 경향이 있음을 밝혔으나, 상당한 사회적 비용을 유발하는 경향도 있음을 아울러 지적하고 있다. 자연독점이나 공공서비스 분야에서는 독점 민간 기업의 행동양식이 이론적으로도 독점 공기업과 다르지 않으므로 개선의 효과를 바랄 수 없다고 한다. 운영이 방만한 공기업이라면 그대로 둔 채 경영 합리화를 꾀하더라도 민영화 못지않은 효과를 바라볼 수 있다는 것이다.('Privatization'〔민영화〕 항목 참조)

한국 공기업 중에는 민영화가 바람직한 영역이 있을 수 있다. 그런데 지금 뉴라이트와 집권 세력은 민영화의 타당성을 차분하게 실질적으로 따지기보다, 민영화를 가로막아 온 '좌파' 정부가 쫓겨났으니 밀린 숙제 하듯 민영화를 해치워야 한다고 눈감고 서두르는 분위기다.

민영화가 정말로 절실한 분야에서 민영화가 이뤄진 일이 있다. 바로 은행이다. 그런데 IMF에 몰린 상황에서 황급히 진행되다 보니 외환은행 경우처럼 국가와 사회에 큰 피해를 남긴 일이 있었다. 일반적으로 민영화와 관계된 가장 큰 위험으로 지적되는 것이 특혜다. 차분한 검토 없이 분위기를 만들어 졸속으로 처리할 경우 이 위험은 더욱 커질 수밖에 없다.

비상한 수준의 경제 발전을 위해 취하려는 비상한 수단이 비상한 특혜로 나오는 것이 아닌가 하는 조짐이 여러모로 나타나고 있다. 이명박 정부는 '비즈니스 프렌들리'를 외친다. 그 비즈니스는 누구를 말하는 것인가? 이명박 정부는 출범 직후부터 대기업에 유리한 고환율 정책을 쓰다가 된통 혼이 난 일이 있다. 광복절 특사 명단에 재벌 총수들을 싹쓸이해 넣어 세상을 놀라게 했으며, 출자총액제한제도 폐지 등 규제 완화와 감세의 약속이 연이어 나왔다.

이들에게 비즈니스란 재벌이다. 그렇다면 공기업 민영화도 '재벌 친화적' 맥락으로 이해할 수 있다. 민영화에도 여러 형태가 있지만, 지금 정부가 고려하는 방향은 자산 매각이나 국민 참여 주가 아니라 주식 매각인 것으로 보이고, 그렇다면 넘겨받을 주체는 대기업이다. 지금까지 환율 정책이나 특사에 나타난 것 같은 노골적 특혜가 매각 과정에 있을 것이 물론 걱정되지만, 그것이 아니라도 기업에 독점 분야의 사업 기회를 준다는 것 자체가 큰 특혜다.

고속 성장을 위한 공안 정국

경제를 살리겠다는 약속을 믿은 것이 다수 국민이 이명박 정부를 지지한 이유다. 그러나 그것이 정말로 무슨 뜻을 담은 약속인지 정확히 이해한 사람은 많지 않았다. 그렇기 때문에 정부 출범 몇 달 안 돼 지지율이 산산조각 난 것이다.

고속 성장의 약속에 진정성이 있었는가? 열악한 외부 조건 때문이었다고, 그래도 6개월 동안 선방한 것이라고, 이제 재벌 친화적 정책들을 국회에서 밀어주기만 하면 약속이 실현되기 시작할 것이라고 주장하는 사람들이 있다.

그러나 그 정도 외부 조건이 정말 상상도 할 수 없는 것이었을까? 세계경제의 현황을 정확하게 알지 못하는 나로서는 판단하기 힘든 일이지만, 고속 성장의 가능성을 뒷받침해준다는 뉴라이트의 캐치업 이론이라는 것이 상식 차원에서 적절해 보이지 않는다.

경제개발과 군사적 위협, 두 가지는 억압 체제의 단골 핑곗거리다. 엉뚱한 데에 국가보안법을 휘두르고 만화 같은 여간첩 사건을 발표하는 것은 북한의 위협을 국민에게 인식시키려는 몸부림일 것이다. 그러나 북한의 위협은 20년 전은 물론, 10년 전과도 전혀 다른 것이 되어 있다. 고속 성장의 필요성을 강조하는 것도 같은 맥락에서 사회 긴장을 늘리려는 목적으로 보인다.

뉴라이트나 현 정부에도 고속 성장이 불가능함을 아는 사람이 없지 않으리라 나는 믿는다. 그래도 고속 성장을 우기는 것이 정략적으로 유리하기 때문에 문제 제기가 없는 것 아닐까. 장밋빛 꿈으로 분배의 요구를 덮어버리고, 긴장의 힘으로 억압 체제를 빚어내면 얼마나 '통치'에 편리할까. 꿈이 이뤄지지 않은 이유를 해명해야 할 때가 오더라도, 취임 후 6개월을 외부 악재와 국민 저항의 탓으로 돌리는 식으로 둘러댄다면 핑계가 모자랄 걱정이 있겠는가.

'경제 살리기'란 것이 정말 무슨 뜻인가? 우리 경제가 죽을병에 걸렸단 말인가? 다리가 좀 짧고 배가 살짝 나와도 아내와 정 나누는 데는 별 지장이 없다. 섭생에 조심하면서 공원 산책이나 꾸준히 하면 됐지, 헬스클럽에 출근할 생각도 없고 희한한 식품이나 약품 찾아 먹을 생각도 없다. 지나친 다이어트로 건강을 잃은 사람들도, '7·4·7'에 넘어갔다가 분통을 터뜨리는 사람들도 '교각살우'矯角殺牛의 뜻을 생각해볼 일이다.

'자본'은 돈만을 의미하는가?

'도덕적 해이' 아닌 '도덕적 파탄'

촛불이 한창 타오를 때 한승수 총리가 조계종 총무원장을 만나러 조계사를 방문하려다가 무산된 일이 있다. 조계종 측 연기 요청으로 방문을 취소했다는 보도를 처음엔 무심히 보아 넘겼다. 그런데 나중에 들으니, 총리의 출발 전에 연락을 받고 취소했다는 총리실 발표와 달리, 총리가 조계사 부근까지 갔다가 분위기가 여의치 않음을 알고 차를 돌렸다는 보도가 또한 있었다.

　서로 다른 두 가지 보도 중 어느 쪽이 옳은지 단정할 수는 없다. 그러나 총리실 발표가 사실과 다른 것 같다. 총리실에서는 총리의 체면이 많이 깎이지 않은 것처럼 보이고 싶은 동기가 있는 반면, 다른 쪽 보도에는 뻔히 드러날 사실을 굳이 왜곡할 동기가 보이지 않기 때문이다. 그리고 총리실 발표가 옳은 것이었다면, 악의적으로 보일 수 있는 오보를 낸 신문사를 어찌 검찰이 그냥 두었겠는가.

만일 총리실의 발표에 사실 왜곡이 있었다면 대단히 중요한 문제라고 생각한다. 크나큰 이해관계가 걸린 일에는 누구든 거짓말을 하고 싶은 유혹을 받을 수 있다. 그런데 체면 정도 때문에 사실을 꾸밀 정도라면 거짓말이 너무나 습관화된 분위기 아니겠는가. 큰 거짓말보다 작은 거짓말이 더 무섭다.

뿐만 아니라 그 후로도 엽기적인 거짓말들이 계속 쌓였다. 강만수 장관은 자기가 환율 올린다고 한 적이 없다고 우기지 않나, 유인촌 장관은 국정감사장에서 욕설을 한 뒤 "스스로에게 느낀 감정을 표현한 것이 와전됐다"고 뻗대지 않나.

이동관 청와대 대변인은 이제 얼굴만 봐도 거짓말을 기대하게 됐다. 무슨 일이든 불리한 이야기가 있으면 천편일률로 "전혀 사실 무근" 노래를 부른다. 떠도는 이야기가 사실과 다른 것이라 하더라도, 왜 그런 이야기가 그럴싸하게 떠도는 것인지 고민을 조금이라도 해본 흔적이 보이면 좋겠다. 그런데 그가 표정 하나 안 바꾸며 "전혀 사실 무근"을 읊은 사안 중에 그런 극단적 표현이 적합했던 경우는 내가 아는 한 한 번도 없었다.

이 글을 구상하면서 한 가지 마음먹은 일이 있다. 현실적 비판을 하되 도덕적 비난은 최대한 자제하겠다는 것이다. 나와 같은 민족 정서를 가지지 않았다고, 나와 같은 도덕 감각을 보이지 않는다고 욕하고 비난한다면 나 자신과 일부 독자들의 카타르시스에는 도움이 될지 모르나, 당면한 문제에 대한 이해를 키우는 길은 되지 못한다고 생각한 것이다.

그런데 이명박 정부 출범 이후, 아니, 그에 앞선 'BBK 진실 게임' 때부터 국민들이 익숙해져 온 '거짓말 문화'의 현실적 문제를 생각하지 않을 수 없다. '신뢰'를 비롯한 사회적 가치들이 지금 정권에서는 너무나 무시되고 있고, 뉴라이트 역사관에 그런 풍조를 부채질하는 면이 있다고 생각되기 때문이다.

자본주의도 잘 모르는 뉴라이트

뉴라이트가 보는 한국 근현대사는 한마디로 자본주의화의 역사다. 단 하나의 기준으로 역사를 재단하니 일제 통치도 고마운 일이고 이승만과 박정희의 독재도 자랑스러운 것이다. 일제에 항거한 독립운동은 자본주의 발전을 방해한 테러리즘으로 보일 것이고, 독재에 항거한 민주화 운동은 좌파 책동에 놀아난 무책임한 사보타주로 보일 것이다.

자본주의 발달은 한국이 근현대를 통해 겪어온 변화의 한 갈래다. 그 밖에도 민주주의 발달과 민족주의 성장 등 여러 갈래의 흐름이 서로 얽혀 한국 근현대사를 빚어온 것이다. 다른 모든 측면을 무시하거나 자본주의화에 종속시키는 뉴라이트 역사관은 사실 학문적 의미를 가진 하나의 역사관으로 볼 만한 것이 아니다. 이런 일방적인 시각으로는 자본주의 자체마저 제대로 바라볼 수 없다.

자본주의의 간판인 '자본'이란 무엇인가? "더 많은 재부財富를 생산하는 데 사용되고 있거나 사용될 수 있는 모든 형태의 재부"라는 것이 표준적 해석이다. 그런데 뉴라이트가 보는 한국 자본주의화 역사는 자본의 여러 형태 중 물질적 재부에만 초점이 맞춰져 있다. 예컨대 식민지 시대에 형성된 '인적 자원'이라고 그들이 말하는 것은 기술자 계층이기에 앞서 자본가 집단을 가리키는 것이다.

애덤 스미스도 『국부론』에서 자본의 네 가지 형태 가운데 기계, 건물, 토지와 함께 '인간 자본'을 꼽았다. 훈련과 교육을 통해 획득한 기술과 능력은 값비싼 기계나 마찬가지로 생산 활동을 통해 원래 획득에 든 비용을 회수하고 이윤까지 창출할 수 있다는 것이다.

『국부론』의 '인간 자본'은 인간 자체를 가리키는 것이 아니라 생산에 공헌할 수 있는 인간의 능력만을 추상화하여 물질 자본의 속성에 유추한 것이다. 마르크스의 『자본론』에도 급여를 인간 자본의 '이자'로 보는 이론을 비판한 대목이 있다. 인간을 물질에 유추해 이해하려 했다는 점에서 물질 중심 관념이지만, 비물질 자본의 영역을 탐구하는 출발점으로서도 의미를 가진 것이 스미스의 '인간 자본' 개념이다.

1960년대 이후 경제 발전론이 부각되면서 비물질 자본에 대한 관심이 크게 일어나기 시작했다. 아브라모비츠의 캐치업 이론 중 '사회적 역량'도 일종의 '사회적 자본'social capital으로 이해된다. 비물질 자본의 개념은 아직도 명확하게 규정되지 못하고 있지만, '사회적 자본'이 논의의 중심이 되어왔다. 여기에서는 비물질 자본 전체를 넓은 의미의 사회적 자본에 넣어서 생각하겠다.

만수, 청수, 그리고 죄수의 딜레마

앞의 7장에서 '죄수의 딜레마'를 간단히 언급했다. 사회적 자본의 의미를 파악하는 실마리로 삼기 위해 조금 더 자세히 설명하겠다.

검사가 두 명의 강도 용의자를 심문하고 있다. 혐의가 입증되면 각각 10년 형을 구형할 수 있는 범죄다. 그러나 확보된 증거는 주거침입죄뿐이다. 그것으로는 6개월 형밖에 구형할 수 없다. 강도죄를 입증할 길은 자백뿐이다.

그래서 죄수 둘을 따로 불러 똑같은 제안을 한다. "네가 강도죄를 자백하고 저놈이 자백을 거부하면 너는 방면이고 저놈은 10년이다. 저놈이 자백하고 네가 거부하면 거꾸로다. 둘 다 자백하면

5년으로 깎아준다." 둘 다 거부하면 물론 6개월씩이 된다. 두 사람은 상대방의 결정을 서로 모르는 상태에서 자기 결정을 내려야 한다.

두 죄수를 청수와 만수라 하자. 청수의 입장에서 생각할 때, 만수의 결정은 자기가 어찌할 수 없는 하나의 외적 조건으로 주어지는 것이다. 만수가 자백할 경우를 먼저 생각해보자. 자기도 자백하면 5년이고, 자기만 거부하면 10년이다. 이번에는 만수가 거부할 경우를 생각해보자. 자기만 자백하면 방면이고, 자기도 거부하면 6개월이다. 어느 조건 아래서도 자백하는 쪽이 이익이다. 만수의 입장에서 생각해도 셈은 마찬가지다. 두 죄수가 자기 형량을 줄이는 데만 욕심이 있고 상대방 형량에 아무 신경도 쓰지 않을 경우, 각자의 합리적 선택은 자백이다.

그런데 두 사람을 하나의 집단으로 보고 각자의 선택이 집단의 득실에 어떤 영향을 끼치는지 생각해보자. 청수와 만수가 모두 자백하면 두 사람의 형량 합계는 10년이다. 한쪽만 자백해도 합계는 10년이다. 한편 둘 다 거부하면 합계가 1년이 된다. 청수의 입장에서 볼 때, 자기가 자백하면 합계는 어차피 10년인 반면 자기가 거부하면 만수의 결정에 따라 10년이 될 수도 있고 1년이 될 수도 있다. 거부하는 길이 집단에게는 훨씬 유리한 것이다.

조직 폭력단의 결속력에는 이런 경제적 효과가 있다. 동료를 배신한 후과가 자기 형량을 줄이는 이익보다 훨씬 클 수 있고, 동료를 옹호한 보상이 자기 형량을 늘리는 손해보다 훨씬 클 수 있다는 인식을 가진 집단에서는 개인의 작은 이익을 위해 집단의 큰 손해를 초래하는 일을 피할 수 있는 것이다.

조직력의 두 종류, 본딩과 브리징

'사회적 자본'을 좁은 의미에서 볼 때는 '문화적 자본'과 구분하여 계량적 파악이 가능한 사회망social network에 초점을 둔다. 이렇게 좁은 의미로 보아도 사회적 자본이 중요한 경제학 개념으로 자리 잡게 된 것은 로버트 퍼트넘Robert Putnam(하버드대학교 케네디스쿨)의 연구『혼자 볼링하기』Bowling Alone 덕분이었다.

1995년 발표된 그의 논문은 최근 50년간 미국의 경제 체질 약화를 미국 사회의 네트워크(그는 이것을 볼링 클럽으로 상징했다)가 축소되어온 추세와 연관시켜 해석한 것이다. 계량적 자료를 폭넓게 활용한 연구가 아닌데도 그 참신한 개념이 학계를 넘어 전 사회의 관심을 끌었고, 많은 협력자들이 나서서 관련 연구를 확장한 결과 2000년에 단행본으로 출간되기에 이르렀다.

퍼트넘이 제시한 개념 중 가장 눈길을 끄는 것이 사회적 자본의 형태를 '본딩'bonding과 '브리징'bridging으로 구분한 것이다. 본딩은 동질적 집단 내의 유대감이고, 브리징은 이질적 집단들 사이의 연대감이다. 대표적인 본딩 조직은 폭력배다. 브리징 조직은 자원봉사나 취미 활동 등 금전적 이익을 목적으로 하지 않는 단체에서 나타난다.

브리징 조직력이 경제에 좋은 영향만 끼치는 반면 본딩 조직력은 집단 내부의 이익에만 공헌하면서 전체 사회에 손해를 끼치는 경향도 있다. 그렇다고 본딩 조직력이 약한 것이 사회에 유리하기만 한 것은 아니다. 본딩 조직력이 브리징 조직력의 기초가 되는 측면도 있기 때문에 두 가지 조직력의 적절한 배합이 사회적 자본의 확충을 위해 바람직한 것이라고 퍼트넘은 설명한다.

자본가 집단은 자본가 집단대로, 노동자 집단은 노동자 집단대로 집단 내에 적정 수준의 본딩 조직력을 가지면서 다른 집단과의 사이에도 집단 이기주의를 뛰어넘을 수 있는 브리징 조직력을 가지는 것이 개인, 집단, 사회의 이해관계를 잘 조화시킬 수 있는 조건이며, 또한 경제 발전을 순조롭게 해주는 조건이라는 것이다.

사회적 자본 성장을 차단한 박정희 정권

자본주의 발전을 역사의 큰 흐름으로 제시한다 하더라도, '자본'의 의미를 충분히 넓게 파악하기만 한다면 지나치게 편협한 역사관을 피할 수 있다. 한국 근현대사를 바라봄에 있어서도 민족주의, 민주주의를 비롯한 다양한 가치 기준의 실마리를 '자본'의 의미로부터 도출할 여지가 있기 때문이다.

　뉴라이트 역사관이 일제 식민 통치를 미화하고 이승만과 박정희의 독재를 찬양하는 등 상식과 통념을 벗어나는 경향을 보이는 것은 물질적 자본만을 중시하고 비물질 자본을 시야에 담지 못하는 결함 때문이다. 눈 하나만을 가지고도 사물을 볼 수는 있다. 그러나 사물의 거리와 위치를 객관적으로 파악하기 위해서는 눈 둘(또는 그 이상)이 필요하다.

　앞의 여러 글에서 일제 통치와 이승만에 대한 뉴라이트의 관점을 따져보았으나, 박정희의 통치에 대해서는 언급한 바 없다. 일제 통치와 이승만 독재를 정당화하려는 뉴라이트의 시도는 워낙 터무니없는 것이기 때문에 어느 각도에서나 쉽게 논박할 수 있는 반면 박정희 통치는 그에 비해 섣불리 평가하기 어려운 면이 있다. 그의 도덕성에 관해서는 그 시절을 살았던 사람이라면 누구든 하고 싶은 말이 있겠지만, 지금 젊은 세대에게 '가장 위대한 한국인' 가운데 하나로 인식되기도 하는 그의 이미지는 도덕적 비판만으로 흔들리지 않을 것이다.

　박정희 통치가 한국에 어떤 득실을 가져왔는지에 대한 평가에 나는 아직도 자신이 없다. 그의 도덕적 결함을 그의 업적과 상쇄할 수 있는 것인지 판단이 되지 않기 때문이다. 그러나 그를 놓고 "도덕성은 어쨌건 한국을 크게 발전시킨 대통령"이란 평가를 서슴없이 내리는 사람들에게 사회적 자본의 관점도 생각해보라고 권하고 싶다. 나는 그가 한국 사회의 본딩 조직력에는 공헌했지만, 브리징 조직력에는 큰 손상을 입혔다고 본다.

1960년대 한국은 기술 축적도 자본축적도 빈약한 나라였다. 그는 자본력의 한계를 돌파하기 위해 재벌 중심 특혜 경제를 키워냈고, 기술력의 한계를 우회하기 위해 저임금 체제를 구축했다. 노동인구의 도시 유입을 원활하게 하기 위해 농촌 경제를 열악한 상황에 묶어놓았고 낮은 임금 수준을 유지하기 위해 노동운동을 박멸하려 했다. 불평등과 불공정에 대한 불만과 분노가 체제를 흔들지 못하도록 사법부와 언론과 학생운동을 군홧발로 짓밟았다. 신뢰가 아닌 폭력으로 지켜지는 체제 아래에서 권력 아닌 권위는 모두 힘을 잃고 가진 자는 모두 '도둑놈'으로 보이게 되었다.

1961~1987년 26년간의 군사독재 시기는 참혹하고 부끄러운 일이 넘치던 시절이었다. 그 모든 일이 '경제개발'이란 하나의 가치로 정당화될 수 있는 것일까? 경제 통계의 한 페이지를 보며 허망한 느낌에 빠진 일이 있다. 1960~1990년 30년간 한국의 총 경제성장률이 대만, 홍콩, 싱가포르, 말레이시아 등 여러 나라와 거의 같은 수준이었음을 보여주는 통계였다. 이 통계는 한국의 고속 성장이 인권의 극심한 희생을 필요로 하는 '기적적'인 것이 아니라 동아시아 지역이 자연스럽게 거치게 되어 있는 경제 발전의 한 단계였음을 시사해준다.

브리징 조직력을 차단하는 '명박산성'

박정희 통치의 성과는 그의 죽음으로 완결된 것이 아니라 그 후의 계승·발전에 따라 평가가 달라질 여지를 가진 것이다. 그 성과에 얼마만큼이라도 가치가 있다면 그 가치를 더욱 고양시키기 위해서는 그의 통치 스타일과 다른 방향으로 보완·조정하는 것, 그가 억눌렀던 측면을 살려내는 것이 바람직한 방향이 될 수도 있다. 한국 사회의 브리징 조직력을 멋지게 드러낸 것이 촛불집회이고, 박정희를 영웅시하는 경향이 있는 젊은 세대가 여기에 대거 참여했다는 사실이 의미 있게 느껴진다.

그런데 이명박 정부는 박정희의 개발독재를 무조건 본뜨려고만 하는 것 같다. 40년 전 상황에서 나름대로 타당성이 있었던 통치 스타일도 한편으로는 적지 않은 그늘을 후세에 남겼다. 그런데 지금 상황에서 고속 성장을 위해 분배를 외면하고 특혜를 몰아줌으로써 가진 자들의 본딩 조직력만 키우는 개발독재를 재현하겠다고? 물질적 자본만으로 세상을 보는 편협한 역사관이 거들어주지 않는다면 상상해내기도 어려운 시대착오다.

안병직과 이영훈은 한국의 자본주의화를 주도한 하나의 집단을 상정한다. 개항기부터 두각을 나타낸 신흥 지주층이 일제에 협력하면서 고등교육을 받아 전문 기술을 가진 실력자 집단으로 자라났고, 대한민국에서도 경제 발전의 주축을 맡았다는 것이다. 이 집단이 지금 '고소영', '강부자'로 이어졌다고 여기기 때문에

현 정부에 환멸을 느끼는 사람들이 '친일파 청산'의 실패를 한탄하고 있는 것이다. 한국 사회의 브리징 조직력을 차단하는 '명박산성'은 이 집단의 본딩 조직력을 지키는 울타리이기도 하다.

아마노 미치오를 뒤따르려는가?

뉴라이트의 선지자, 아마노 미치오

최근 근현대사 연구 가운데 가장 감명 깊게 읽은 논문 하나가 『근대를 다시 읽는다』 1권(윤해동 외 편, 역사비평사, 2006)에 실린 이승엽(교토대학교 인문과학연구소)의 「조선인 내선일체론자의 전향과 동화의 논리」(217~243쪽)였다. 이 논문에는 열렬한 조선인 내선일체론자 현영섭이 매우 인상적인 모습으로 그려져 있다.

뉴라이트 역사관에 관심을 가진 사람들에게 현영섭의 모습을 보여주고 싶다. 현영섭은 주어진 시대를 능동적인 자세로 받아들이려 애쓰고 하나의 이론에 투철한 태도를 보였다는 점에서 뉴라이트에게 귀감이 될 만한 인물이다. '대안 교과서'를 운위하는 '뉴라이트 역사가'들이 적어도 현영섭 수준의 고민을 하고 진정성을 가지기 바란다. 지나간 70년을 되돌아보는 이점을 활용해서 현영섭의 수준을 뛰어넘을 수 있다면 더욱 좋겠지만.

현영섭의 모습을 대략이라도 옮겨놓기 위해 이승엽 논문에 실린 현영섭 논설 가운데 몇 부분을 재인용한다. 이들 중 일부는 현영섭의 일본식 이름 아마노 미치오天野道夫로 발표되었다. (현영섭의 편력을 개관한 김민철의 글은 『친일파 99인』 2권〔반민족문제연구소 편, 돌베개, 1993, 66~76쪽〕과 '역사광복운동본부' 홈페이지http://bluecabin.com.ne.kr/split99/hys2177.htm에서도 볼 수 있다.)

내선일체동화론자의 절규

① "병합 전의 조선은 지옥이었다고 해도 좋다. 오랫동안 지나支那의 지배와, 우열愚劣하고 탐욕스러운 지배계급에 의해 민중의 생활은 극도로 짓밟히고, 민중은 삶을 저주했던 것이다. 러시아제국은 조선에까지 그 동방 침략의 마수를 뻗쳐왔다. 일노전쟁日露戰爭에 의해 일본의 서구인의 동양 침략에 대한 제지가 없었더라면, 조선인은 전부 백인의 노예가 되어 멸망했을 것이다.

과거의 조선! 근대과학의 세례를 받은 우리들의 눈에 비친 조선의 역사는 전부 암흑의 역사였고, 우리가 오늘날 생존해 있는 것이 불가사의할 정도로, 과거와 현대는 완전히 면목面目을 달리하고 있다."

② "나의 학생 시절에 조선인 학생 친구들과 모여 함께 조선 문제를 논했을 때, 어느 학생이 '조선인이 전부 죽는다면 함께 기쁘게 죽을 것이다'라고 극히 절망적인 말을 토했던 적이 있었다. 정말로 양심이 있는 자라면 이 말을 극단적인 말이라고만 생각할 수 있을까."

③ "만약 민족주의, 공산주의, 무정부주의의 이상을 추구하는 이외에 살길을 알지 못한다면, 일본 국토 내지 동양에서는 살아서는 안 된다. 자살하든가, 반항하여 형무소에서 살든가, 외국으로 도망가지 않으면 안 된다. 결국 자살이다. 참으로 일본 국가를 사랑하지 않고서, 가면을 쓰고 살고 있는 약간의 위선자가 되기보다도, 자살해주었으면 하고 생각한다.

자살을 원하지 않는다면, 일본 국가를 사랑하도록 노력하지 않으면 안 된다."

④ "지나사변에 즈음한 조선인의 총후열성銃後熱誠은 아직 충분치 않지만, 이와 같은 행동은 〔일본에 반항했던 역사적 죄과를-인용자〕 갚음이 되고, 명실공히 황국신민이 되는 길을 앞당기는 일이 될 것이다. 아직 우리는 조건부 일본인이다. 선거권도 없고, 의무교육도 없고, 병역에 나갈 의무도 주어지지 않은 것이다. 노골적으로 말하면 우리의 생활 정도는 낮고, 또 애국심에 있어서 내지인보다 아직 특별히 차이가 있기 때문에 어쩔 수가 없는 것이다. 남의 집에 양자로 들어간 사람이, 바로 금고의 열쇠를 건네받을 리

가 없는 것이다. 참으로 그 남의 집 사람이 완전히 되어버릴 필요가 있을 것이다."

⑤ "만약 끝내 조선인이 독특의 생활감정이나 언어를 고수한다면, 조선의 풍속 습관을 견지한다면, 배타적 정치적 감정으로까지 발전할 것이라 단언하며, 우리의 자손이 불행한 날을 맞을 것을 '예언'한다. 그 불행을 나는 거의 병적으로 느끼기에, 끝내 급진적 입장을 고수하는 것이다."

⑥ "나는 꿈꾼다. 반도半島의 청년이 대다수 임금과 나라를 위해 기쁘게 죽는 날을! 완전히 일본화한 조선인 중에서 재상宰相이 나오는 그 찬란한 날을! 백 년 후일까 수백 년 후일까."

⑦ "이력서의 원적에는 조선 출신임이 밝혀져 있다. 내지에 적을 가진 타이피스트만을 찾는 상점이 많다. 호적법은 희망자에 따라 내지로 적을 옮기는 것도, 또는 조선으로 옮기는 것도 가능하게 되지 않으면 안 될 것이다. 이것은 후일 해결될 문제이지만, 무엇보다도 창씨는 그 첫 출발이다."

내선일체동화론자의 논리

①과 ②에는 조선의 역사 내지 과거의 조선에 대한 부정적 시각이 담겨 있다. 어떤 가치도 둘 수 없는 야만상태로 보는 것이다. 그렇다면 러시아를 물리친 일본은 조선인을 러시아의 노예가 될

운명에서만이 아니라 원래의 야만상태에서 건져내 준 해방자인 것이다.

일본이 건져주기 전에 조선인이 처해 있던 상황이 워낙 참혹했기 때문에 "오늘날 생존해 있는 것이 불가사의할 정도"라고 현영섭은 말했다. 일본의 조선 합병을 정당화하기 위해서는 그 전의 상황을 나쁘게 규정할 필요가 있었을 테니, 과장이 조금 심했던 정도로 이해할 수 있는 일이다.

이 점에서는 이영훈도 현영섭보다 별로 못하지 않은 것 같다. 개인주의를 바탕으로 하는 근대 문명만을 문명으로 규정하고 그 이전 농업 사회를 몽땅 야만으로 규정한다면, 일본의 조선 합병을 문명 전파의 혜택으로 고마워할 수 있다. 다만 21세기 대한민국에서 살고 있는 이영훈에게는 일본의 실효적 지배 밑에 살고 있던 현영섭과 달리, 왜 꼭 일본이 그 역할을 맡아야 했는지, 그리고 그 역할을 객관적 기준에서 제대로 해낸 것인지 밝힐 부담이 더 얹혀 있을 뿐이다.

③을 보면서 나는 잠시 생각에 잠겼다. 민족주의, 공산주의와 무정부주의는 일제 통치에 굴복하는 데 대한 대안이었다. "결국 자살이다"라고 잘라 말하는 것이 그 대안들을 나름대로는 목숨을 건다는 심정으로 모색해본 결과였을까, 아니면 그저 난폭한 말장난이었을까. 이 글을 발표한 것은 1938년으로, 일본이 대동아전쟁을 터뜨린 뒤다. 모든 대안에 대한 그의 부정은 대안을 모

색하던 자기 자신에 대한 부정을 담은 것이기에 그토록 극단적인 것이 아니었을까 하는 생각도 든다.

현영섭 친일 노선의 진정성을 드러난 글만 놓고 평가하는 데는 한계가 있겠지만, 당시 수많은 친일파 가운데 가장 적극적으로 주장을 개진한 사람의 하나이므로 적어도 기회주의자는 아니었던 것 같다. 민족주의 운동에 대한 그의 관점을 이승엽이 정리해놓은 것이 조금 더 참고가 될 것이다.

"현영섭은 민족주의 진영에 대해 '저 민족주의자의 지배를 받을 정도라면 죽음을 택하는 편이 좋을지도 모르겠'다는 극단적인 언어를 쓰며 강한 불신감을 나타냈다. 또한 운동의 현상적 측면에서, 민족주의 운동은 끊임없는 파벌 싸움을 통해 스스로 세력을 약화시켜 결국에는 사회주의 운동에 지도권을 빼앗기게 되었다고 했다. 민족주의 사상이란 '하등의 과학적 배경을 가지지 않은 제멋대로의 감정으로 조선에 있어서는 민중의 무지에 호소'하는 것일 뿐이니, '가정부假政府를 만들어 정쟁政爭에 빠져 정치 놀음을 한 그들 저주받을 민족주의자들'은 결국 '옛날 조선의 지배계급이 멋대로 마음껏 했던 것과 같이, 자유롭게 설치고 싶은' 권력욕 때문에 '타도 제국주의의 미명에 의해, 조선의 민중을 유혹하는 것'이라 비판했다."(『근대를 다시 읽는다』 1권, 220~221쪽)

④에서 현영섭의 고뇌는 계속된다. 그는 모든 대안을 내팽개치고 일본의 조선 통치 이념 '내선일체'를 끌어안는다. 그러나 현실은 그 이념을 뒷받침해 주지 않았다. '내선일체'는 진정성 없는 사탕발림이었다. 그는 이 사탕발림을 현실로 끌어오기 위해 조선이 일본에 갚아야 할 역사적 죄과까지 꾸며내야 했다. 원죄와도 같은 이 죄과를 갚으려는 조선인의 노력이 '내선일체'의 구원을 가져오는 길이라고 그는 믿었던, 아니, 믿고 싶어했던 듯하다.

⑥은 현영섭이 자신의 이상향을 그린 것이다. 여기서 "재상" 이란 '일본국' 재상을 뜻하는 것이 아니다. '대동아공영권'을 지배하는 '일본 제국' 재상을 말하는 것이다. 일본 제국주의의 힘은 당시 현실을 압도하고 있었다. 그 원리에 내재된 모순 때문에 일본 내에서도 자유민주주의에서 사회주의, 무정부주의까지 숱한 반발이 있었던 것이지만, 현영섭은 그 힘만을 찬양하며 조선인도 그 힘의 주인이 되기를 바란 것이다.

제국주의의 힘을 그토록 동경했다면, 왜 그는 혼자 조용히 조선인 대열을 떠나 일본인이 될 길을 찾지 않고 조선인 전체가 함께 갈 것을 촉구하고 나섰을까? 조선인을 사랑하는 마음 때문이었을까, 아니면 그것이 제국주의에 더 공헌하고 공로를 인정받는 길이기 때문이었을까? '조선'을 극렬히 부정한 그의 태도로 보아 후자 쪽이 더 그럴싸해 보인다. 그리고 그의 전향 경력이 그의 열성에 한몫했을 것이다. 친일 논객으로 나서기 얼마 전까지 그는 사회주의와 무정부주의 계열 반체제운동에 몇 해를 바친 바가 있다.

2000년 미국 대선 당시 민주당 후보 앨 고어Albert Gore가 정치자금법 개정을 주장했다. 그런데 그 직전 고어 진영에서 정치자금법에 저촉되는 스캔들이 터져 나온 일이 있었기 때문에 공화당 쪽에서 "고어가 그런 소리 할 자격이 있느냐?"며 냉소적 반응을 보였다. 이에 고어는 "개종자의 열정convert's fervor으로 이해해달라"고 유머로 대꾸했다.

여러 사람이 있는 자리에서 누군가 담배를 피워 물 때, "왜 옆사람들에게 피해를 주느냐?"고 나서서 불평하는 사람은 원래 안 피우던 사람보다 최근에 끊은 사람이기 쉽다. 전향자는 전향 대상에게 전향의 진정성을 인정받으려는 동기 외에도 스스로 전향의 정당성을 확인하려는 강박을 가지기 쉽다. 안병직, 이영훈, 김문수, 이재오, 신지호 등 전향 경력 인사들이 유별나게 극단적이고 과격한 태도를 취하는 경향은 이해할 만한 것이다.

동화일체론의 부활인가

⑤의 내용은 일반 친일파와도 구분되는 현영섭의 철두철미한 친일 노선을 보여준다. 당시 조선의 친일파 주류는 이광수, 최남선

으로 대표되는 '평행제휴론'이었다. 조선인의 정체성을 지키면서 일본 제국의 일부가 되겠다는 입장으로 그중에는 '조선 자치' 주장도 있었다. 반면 현영섭이 대표한 '동화일체론'은 소수파이면서도 강한 상징성을 가지고 있었다.

현영섭은 언어, 풍속 등 조선의 정체성을 파기하지 않으면 "배타적 정치적 감정"으로 발전하여 조선인의 자손에게 불행을 가져올 것이라고 주장했다. 그는 대동아공영권을 주장하는 식민주의 역사관을 받아들여 세계사가 약육강식을 통한 '대국가주의' 흐름을 타고 있으므로 일본의 조선 합병을 거역할 수 없는 필연으로 본 것이다.

자본주의화를 뜻하는 '문명화'를 지금의 세계사에서 거역할 수 없는 필연으로 보아 민족주의를 벗어던지고 고속 성장에 매진할 것을 제창하는 뉴라이트 역사관은 70년 전 현영섭의 주장과 놀랄 만큼 틀을 같이하는 것이다. 물론 현영섭만큼 센세이셔널하지는 못하다. 그러나 명색이 민족국가를 이루고 있는 상황에서 그 정도라면 따라갈 만큼 따라가는 것으로 인정해주어야 할 것이다.

예를 들어 이명박 정부의 대통령직 인수위원회 책임을 맡은 어느 대학 총장이란 양반이 '오렌지'를 '아륀지'로 읽을 수 있는 영어 교육의 필요성을 주장해 눈길을 모은 일이 있다. 조그만 일이지만 이런 조그만 일에서 그 사고방식을 읽을 수 있는 것이다.

섬세한 발음 감각에서까지 동화 대상에 최대한 접근하려는 그 정성은 같은 시기에 태어났던들 현영섭의 동지로 훌륭한 자격이 있었을 것이다.

⟨㉠⟩에서 현영섭은 조선인과 일본인 사이의 차별 철폐를 주장한다. 그는 자신이 지혜와 용기와 자비심을 겸비한 현대의 영웅이라고 생각했을지도 모른다. 인습에서 벗어나지 못하는 뭇 사람들과 달리 현실을 직시할 줄 알고, 그러면서도 자기 한 몸보다 '조선인'이라는 더 큰 나를 구원하고자 애쓰고, 그 노력을 통해 일본의 영광을 향한 역사의 흐름에도 공헌하는 훌륭한 인간이며 좋은 일본인이라고.

친일의 다양한 스펙트럼

2차 세계대전 패전 후 고국으로 귀환하는 일본인 대열 속에서 현영섭은 무엇을 생각하고 있었을까? 일본에 간 후 다른 곳도 아닌 주일 미국 대사관에 근무한 것은 호구지책일 뿐이었을까, 아니면 그의 출신과 경력에 적합한 어떤 역할을 맡은 것이었을까? 완전한 일본인이 되려는 꿈을 이뤘다는 만족감 속에 이 세상을 떠났을까?

조선을 부정한 현영섭의 신념이 애초에 헛된 망상이었을까, 아니면 일본의 패망이라는 잔인한 현실에 억울하게 짓밟힌 아름

다운 꿈이었을까? 그와 같은 연배이며 비슷한 시기에 좌익에서 전향했던 인정식의 비판이 이승엽의 논문에 인용되어 있어 눈길을 끈다.

"현영섭 씨의 소론所論이 씨 자신氏自身의 말로는 리상주의라 하지만 사실은 리상주의도 아무것도 아니다. 확실히 사고하는 방법에 있어서는 옛날의 『아나―키즘』의 무체계적인 잔재를 많이 엿볼 수가 있다. 개인의 감정과 주관적 편견에서 출발하여 무엇이든지 되는 대로 객관세계를 일률적으로 규정하려는 것이 과연 하나의 사상이라 할 수 있을가. 이것은 무의미한 『로―만티시즘』의 수음手淫이 아니면 치인痴人의 꿈에 떠러지기가 쉽다."(印貞植, 「內鮮一體의 文化的理念」, 『人文評論』 2-1, 1940년 1월, 6쪽)

인정식도 내선일체 이론가로 활약한 사람이지만, 일체화의 한 주체로서 조선의 정체성을 강조했다. 조선을 미리 부정해버리는 현영섭의 주장을 그는 사상도 못 되는 것이라고 경멸했다. 세계화의 필연성을 인정하면서도 그 주체로서 한국인의 입장을 더욱 강조할 필요가 있다고 생각하는 나로서 뉴라이트 이론가들에게 똑같이 해주고 싶은 이야기다.

우리 사회에는 '친일'을 무조건 매도하기보다 그 실제를 정확히 이해하는 노력이 아쉽다. 현영섭의 동화일체론만이 아니라 인정식의 평행제휴론에도 문제는 있었다. 그러나 문제의 차원이 다르다. 이 차이를 제대로 인식하지 못하기 때문에 70년이 지난

지금 동화일체론과 너무나 닮은꼴의 뉴라이트 역사관이 횡행할
틈을 주는 것이다.

그들은 '친미 내셔널리즘'을 꿈꾸는가?

『해방 전후사의 재인식』의 재인식

2006년 2월 『해방 전후사의 재인식』이 출간되자 두 가지 면에서
비판이 쏟아졌다. 폭넓고도 격렬한 비판을 받은 것은 그 정치성
이다. "편집위원들을 대신해" 머리말을 쓴 박지향은 출간 전부터
이 문제를 겪었다고 말한다.

　"한데 출간 과정에서 두 차례 뜻밖의 일이 벌어졌다. 이 모든
작업을 함께 했던 출판사가 아무런 구체적인 이유도 제시하지 않
은 채, 혹은 이해할 수 없는 이유를 대면서 더 이상 작업을 함께
할 수 없다고 통고해온 것이다. 그것도 한 번이 아니라 두 번이나,
서로 다른 두 출판사가 똑같은 행태를 보였다. 이 작업은 어디까
지나 우리 학계의 학문적 발전을 위한 것이고 어떤 정치적 의도

도 가지고 있지 않다는 점을 누구이 설명하고 계약을 맺었던 우리로서는 황당한 일이었다. 물론 그동안 일부 언론이 이 책의 내용을 지레짐작해서 이리저리 기사를 써온 것은 사실이지만, 편집위원들은 이 책이 그 어떤 현실 정치적 함의도 가지고 있지 않음을 기회 있을 때마다 밝혔기 때문에 출판사들의 태도는 더욱 이해되지 않았다."(『해방 전후사의 재인식』1권, 12~13쪽)

내가 보고 있는 이 책은 출간 17일 만에 나온 4쇄 본이다. 학술 논문집으로 이례적 수준의 매출을 기록한 데는 이 책의 "현실 정치적 함의", 또는 그에 대한 기대감 외에 다른 이유가 없다고 생각한다. 논문을 실은 필자들 중에는 편집진이 표방한 "학문적 발전"이란 목적을 곧이들은 이들도 있겠지만, 편집진(박지향, 김철, 김일영, 이영훈) 중 적어도 박지향과 이영훈 두 사람은 현실 정치적 함의를 명백히 지향한 것으로 나는 본다.

빈약한 비전과 과잉된 정치성의 산물

정치적 비판에 비해 좁은 범위에서 일어난 것이지만 더 의미 깊은 비판으로 내가 보는 것은 학술적 가치 문제다.

박지향은 『월간중앙』2006년 3월호 인터뷰에서 이렇게 말했다. "우리는 『해전사』의 역사 인식이 놓치고 있는 다른 수많은 연구 성과를 보여주려고 했을 뿐이다. 그런 점에서 『재인식』은 『해전사』에 대한 비판이 아니라 승화이고 극복이다.”『해방 전후사 의 재인식』이 20년 전에 나온『해방 전후사의 인식』을 뛰어넘기 위함이라는 것이다.

『해방 전후사의 재인식』에 실린 논문 중에는 실제로『해방 전후사의 인식』다음 단계를 바라보는 좋은 연구가 여러 편 있다. 그러나 “구슬이 서 말이라도 꿰어야 보배”,『해방 전후사의 재인 식』은 이런 좋은 연구의 의미를 제대로 살리지 못했다. “현실 정 치적 함의”가 엿보이면서 학문적 수준이 처지는 논문들과 함께 묶어놓은 것이 제일 큰 문제다. 이것은 편집진의 책임일 수밖에 없는 일이다.

편집진의 잘못은 모자란 면과 지나친 면으로 나눠볼 수 있다. 모자란 면은 학문의 앞날을 바라보는 비전이 빈약한 것이고, 지 나친 면은 (일부일지 모르지만) 편집진의 현실 정치와 관련된 의 욕이 책의 성격을 너무 심하게 제한한다는 것이다. 비전의 빈약 함에 대해서는 내가 왈가왈부하기보다『해방 전후사의 재인식』 과 같은 해에 비슷한 크기로 비슷한 범위의 연구들을 담아 나온 『근대를 다시 읽는다』와 비교해볼 것을 독자들에게 권하는 데 그 치고, 이 글에서는 과잉된 정치성만을 구체적으로 따져보겠다.

이 목적에 마침 적합한 재료가 이영훈의『대한민국 이야기』 다. ‘『해방 전후사의 재인식』 강의’란 부제처럼『해방 전후사의 재인식』편집진의 한 사람인 이영훈이 이 책의 내용을 라디오 시청자들에게 소개한 강의 노트에서 출발한, 말하자면『해방 전후사의 재인식』안내서로 내놓은 책이다. 안내자의 자세에서 편집자의 자세를 비쳐볼 수 있는 면이 있을 것이다.

조관자의 논문을 왜곡하지 말라

조관자(일본 주부대학교 인문학부)의 논문「'민족의 힘'을 욕망한 '친일 내셔널리스트' 이광수」(『해방 전후사의 재인식』1권, 524~555쪽)와 관련해 이영훈은 이렇게 썼다.

"그가 협력자로 돌아선 것은 적어도 개인적인 영달을 위한 것은 아니었습니다. 흔히들 친일파라 하면 그렇게 알고 있지만, 조관자의 논문은 그러한 통설적 이해를 정중히 거부합니다. 오히려 이광수는 진지하였습니다. 왜 그랬을까요. 다름 아니라 일본을 조선이 본받아야 할 선진 문명으로 인정했기 때문입니다. 그는 조선의 불결, 무질서, 비겁, 무기력 등에 절망합니다. 그러한 야만의 조선이 일제에 적극적으로 협력하여 일본인처럼 깨끗하고 질서 있고 용감하며 협동하는 문명인으로 다시 태어나는 길이야말로 조선 민족이 재생할 수 있는 길이라고 믿었습니다. 그리고 그 점에서 그는 정직하였습니다. 조관자 교수는 그러한 정신세계의 이광수를 '친일 내셔널리스트'라고 부르고 있습니다. 친일을 하는 민족주의자! 이 얼마나 모순된 표현입니까. 그러나 저는 그러한 모순된 표현에서 이광수만이 아니라 식민지기를 살았던 대다수 지식인의 정신세계를 읽을 수 있다고 생각합니다. 그들에게서 협력과 저항은 신구 두 문명이 격렬히 충돌하는 고통이었으며, 그 속에서 문명인으로 소생하기 위한 실존적 선택의 몸부림이었습니다."(『대한민국 이야기』, 104~105쪽)

조관자의 논문을 읽기 전에 이 대목을 읽으며 나는 의아한 생각이 들었다. 이광수를 이런 각도에서 바라보는 데 학술 연구까지 필요한 것일까. 그래서 조관자의 논문을 읽어보니, 이영훈의 설명과 전연 다른 것이었다. 이영훈의 글에 나오는 이광수의 모습은 조관자의 논문이 보여주는 것이 아니다.

『해방 전후사의 재인식』에 실린 아까운 논문들

이영훈은 '친일 내셔널리스트'란 말을 놓고 "이 얼마나 모순된 표현입니까" 하고 경탄하는데, 이것은 사실 조관자가 아무 모순도 깻묵도 없이 명쾌하게 내놓은 개념이다. 조관자가 말한 '친일 내셔널리즘'이란 "일본 내셔널리즘의 폭력적인 전개에 의해 전도된 식민지 내셔널리즘의 한 형태"였으며, "조선인이 제국 일본의 '주체=신민'이 되는 내셔널리즘의 한 형태"였다.

민족주의에는 동전의 앞뒷면처럼 두 개의 얼굴이 있다고 나는 생각한다. 질서의 얼굴과 폭력의 얼굴이다(경찰과 마찬가지다). 나는 민족주의의 폭력성을 싫어하지만, 지금의 한국 상황에서는 카오스를 피할 필요를 더 절실하게 생각하기 때문에 민족주의를 숙명으로 받아들인다.

조관자는 폭력성에 나보다 예민한 이로 보인다. 내셔널리즘에 대한 그의 고찰은 "권력 운동의 근본 문제"를 벗어나는 일이 없다. 내셔널리즘은 그 자체로 하나의 병리적 현상이며, 친일 내셔널리즘은 그 병리성이 이중으로 겹쳐져 나타나는 것이라고 그는 본다. "민족을 위한 친일"이라는 친일 내셔널리즘은 파탄을 피할 수 없는 사상누각이라고 보는 것이며, 이 논문은 그 파탄을 확인하는 것이다.

조관자의 논문에서 중요한 몇몇 대목을 인용한다. 이런 발췌는 필자의 진의를 전하는 데 물론 한계가 있는 것이지만, 이영훈의 왜곡을 분명히 하기에는 충분할 것이다. 이 분야에 관심 있는 분들에게는 원 논문을 읽어볼 것을 권한다. 시쳇말로 '개념 있는' 논문이다.

> "'내선일체'에 대응한 '동조동근'同祖同根의 혈통과 역사적 전통을 창출하며, 조선인이 제국 일본의 '주체=신민'이 되는 내셔널리즘의 한 형태를 정립하려 했던 것이다. 이 글에서는 그것을 '친일 내셔널리즘'이라 부르고, 최남선과 더불어 그 대표적인 이데올로그였던 이광수의 논설

을 통해 '민족을 위한 친일'이 형성되고 파탄되는 지점을 추적하려고 한다."

"민족 사학에서 비판하는 것처럼, 이른바 민족 개량주의의 근대화론자들이 일제의 민족 분열 정책에 이용되었다고 볼 수만은 없다. 그들은 근대 문명국가를 욕망하는 '주체'로서 스스로를 정립하였기 때문에 일제와 타협하는 생존의 길을 걸은 것이다."

"그러나 닫힌 공간의 균일성은 가상된 것에 불과하며, '주체=전체'의 복합적 내셔널리티를 의미하는 '내선일체'는 그 공평성이 결코 실현되지 않는 현실 속에서 파탄할 수밖에 없는 것이었다."

"이러한 분석은 적극적인 친일이 단순히 민족주의 운동을 포기한 결과가 아니며 식민지 자본주의가 생존하기 위한 전진적인 투항이라고 예견한다. 종속적인 자본주의의 발전을 우선시하여 독립의 목표를 상실한 것은 확실히 패배적인 행위로 보인다. 그러나 그것은 친일 내셔널리즘의 자본과 권력 운동이 살아남기 위한 필연적인 귀결이다."

"'조선심'을 사멸하는 것이 '일심일체'인 상황에서 일본의 '형제'들에게 '조선인의 마음'에 호소해달라고 하는 역설. 생존의 이익을 도모하는 친일 내셔널리즘의 힘에 대한 욕망을 숨기고 가상된 동포애의 집단 도취적인 희생을 찬미하는 파시즘의 낭만적 수사다. 차별과 억압을 원망하는 조선인, 차별과 억압의 이익을 지키고 싶은 일본인, 길항하는 두 마음을 의식하면서 이광수는 '깨끗한 일본 혼'의 대사를 읊고 '천황의 적자'를 연기한 것이다."

"이광수는 미군정이 친일 내셔널리즘을 배제하지 않고 반공주의 국가를 준비하는 것에 안도한다. 미국을 적대시하던 '친일'에서 '친미'로 돌변한 모습을 보고 그를 '변절의 천재'인 것처럼 비난하는 것은 오히려 어리석다. 적어도 이광수는 거짓말을 하지 않고 자기의 신념에 충실했다. 강자의 문명과 패권을 욕망하는 '친일 내셔널리즘'이 '민족주의적'인가, '친일적'인가, '친미적'인가 하는 문제는 상황 변수에 불과하다."

"생존이 위협당하는 곳에서는 강자도 약자도 살아남기 위한 힘을 욕망한다. 역사적 현실 속에서 위기의식이 크면 클수록 힘에 대한 욕망도 커지고 배타적인 절대 권력의 탄생을 바라게 된다. 절대 권력은 체제 안의 균열을 억압하는 정치 신학을 구축한다. 모든 권력 주체들이 '민족주의'를 선망하는 것은 그것이 '피와 혼'의 논리로써 '우리'라는 자연의 귀소, '원초적 합의'를 마련하고 있기 때문이다."(『해방 전후사의 재인식』 1권, 527~554쪽)

조관자의 이광수와 이영훈의 이광수

이영훈은 조관자의 논문을 설명하면서 이광수가 진지하고 정직했다는 점을 부각시킨다. 그러나 조관자의 논문에서 이광수의 진지함은 집요함이었고, 정직함은 어리석음이었다. 전향 전에도 전향 후에도 이광수의 내셔널리즘은 힘에 대한 욕망이었다. 그 욕망에 눈이 멀어 반일 내셔널리즘보다도 더욱 뚜렷할 수밖에 없는 친일 내셔널리즘의 모순도 알아채지 못할 만큼 그의 지성이 허약했다는 사실, 그리고 반일, 친일, 친미의 어느 상황 변수에도 적응할 수 있는 유연한 신념의 소유자였다는 사실을 이 논문은 보여준다. 허약한 지성은 곡필의 조건이고 유연한 신념은 기회주의자의 특성이다.

이영훈은 또 이광수의 전향 이유를 "일본을 조선이 본받아야 할 선진 문명으로 인정했기 때문"이라고 설명하지만 조관자는 전연 다른 의견이다. 이광수가 2차 유학기(1915~1919)에 『매일신보』에 실은 글에서 "조선의 신사조차도 지식과 인격을 결여한 어린이로 비칠 것"을 상상하며 부끄러워한 것에 대해 "그를 비롯한 도쿄 유학생 출신들이 문명 콤플렉스 때문에 주체성을 상실했다고 말할 수는 없다"고 밝혀 말했다.(『해방 전후사의 재인식』 1권, 528쪽) 이광수의 진심이 어떠했든, 이 논문에서 조관자가 이해한 각도는 이영훈의 설명과 완전히 다른 것이다.

이영훈이 문명을 자본주의 문명으로만 본다는 것은 앞서 여러 번 지적한 문제거니와, 이광수의 전향도 '문명에의 귀의'로 해석하고 싶은 그의 욕심은 이해 못 할 것이 아니다. 하지만 아무리 그래도 그렇지, 자신이 편집한 책에 게재한 논문의 내용을 이렇게 뒤집어서 설명한다는 것은 이해하기 힘든 일이다. 조관자가 부정적으로 본 친일 내셔널리즘을 이영훈이 다분히 긍정적인 개념처럼 내놓은 것은 참으로 우스꽝스럽다. 이중부정은 긍정이라 생각한 것일까?

반일, 친일, 친미가 모두 '상황 변수'일 뿐이라고 조관자가 말하는 것은 "강자의 문명과 패권을 욕망하는" 이광수의 빈약한 정신세계를 꼬집은 것이다. 그러나 물질세계에서만 가치를 찾는 이영훈은 바로 이 '상황 변수'에만 매달린다. 당시의 상황 변수에 투철했던 '친일 내셔널리즘'을 바람직한 모델로 보며 지금의 상황 변수에 투철한 '친미 내셔널리즘'을 추구하는 그에게는 "강자의 문명과 패권을 욕망하는" 이광수가 바로 선구자일 것이다. 이광수에 관한 논문을 『해방 전후사의 재인식』에 넣으려면 조관자의 글을 실을 것이 아니라 자기가 썼어야 했다.

편집자의 책임과 권한, 그리고 양심

조관자의 논문처럼 정면으로 뒤집은 것은 아니라도, 같은 책에 실린 최경희(미국 시카고대학교)의 「친일 문학의 또 다른 층위: 젠더와 〈야국초〉」에 관한 설명에서도 이영훈의 아전인수 욕구가 눈에 띈다. 이런 대목이다. "어머니가 그 아들을 일본군에 보내려고 하는 것은 그 아들을 비열하고 무책임한 조선의 사생아가 아니라 정직하고 책임 있는 제국의 아들로 바치고자 하는 뜻입니다. 그렇게 자기를 배신한 조선의 남자에게 복수하는 겁니다."(『대한민국 이야기』, 106쪽)

이영훈의 왜곡을 또다시 구체적으로 확인하기 위해 긴 인용을 거듭하여 독자들을 번거롭게 하지 않겠다. 다만, 최경희의 논문이 훌륭한 비평 논문이며, '나쁜 조선'과 '좋은 제국'을 대비시킨 대목이 없으며, "복수"의 의미를 "조선의 남자"에 대한 것보다 훨씬 폭넓게 추궁한 연구라는 내 의견만을 밝히고 지나가겠다.

『대한민국 이야기』 머리말에서 이영훈은 출판 전에 원고를 『해방 전후사의 재인식』 공동 편집위원이던 김철과 박지향에게 보였다고 한다. 박지향의 학문 수준이나 정치 성향에 대해서는 그의 글을 통해 얼마간 판단할 수 있지만, 김철이 그 원고를 보고도 자신이 편집에 참여한 책에 대한 그토록 심한 왜곡을 용납했다는 것은 이해하기 힘든 일이다. 김철의 이의 제기가 얼마간 있었음을 "김철 교수도 원고를 읽어주었는데, 그의 충고에 따라 이 책의 제1장을 거의 다시 썼다"(『대한민국 이야기』, 8~9쪽)는 이영훈의 말에서 짐작할 수 있지만, 결과적으로 나온 책 내용에 대해서는 김철도 승인했다는 이야기다.

『근대를 다시 읽는다』편집위원들의 머리말에도 이런 말이 있다.

"『재인식』에 논문을 낸 분들 가운데에는 편집진의 생각이나 역사관과는 전혀 다른 생각을 갖고 있는 분이 많다는 것을 알고 있습니다. 그리고 그 가운데서 여러분이 억울하게 쓰게 된 '보수 우익'이라는 누명에 분노와 당황스러움을 표명했다는 소식도 들었습니다."(『근대를 다시 읽는다』, 12~13쪽)

『해방 전후사의 재인식』의 일부 논문을 볼 때, 편집진 전체는 몰라도 이영훈과 박지향의 생각이나 역사관과는 전혀 다른 생각을 갖고 있는 분이 많은 것 같다. 어떤 '인식'을 가지고 게재를 응낙한 것인지는 몰라도, 『해방 전후사의 재인식』이 우리 사회에서 누리는 평판 앞에 분노와 당황을 느낀다는 것은 딱한 일이다. 게다가 그 논문들의 내용을 편집진 중 한 사람이 『대한민국 이야기』식으로 왜곡해서 내놓는 것은 정말 해도 해도 너무한 짓이다. 게재료를 줬으니 그 논문들이 편집자의 '사유재산'이 되기라도 한 줄 아는 것일까?

뉴라이트에게서도 배울 것은 배우겠다

치료받지 못한 민족의 트라우마

근대화를 인간의 성장 과정에 비유해본다면 일본 지배가 시작될 시점의 한국은 유아기에 있었다. 유·소년기를 일본 지배 밑에서 지내고 청소년기를 반공 독재 밑에서, 청년기를 개발독재 밑에서 지내다가 1987년의 민주화를 계기로 장년기에 접어든 단계라고 할까?

이런 비유를 연장해서 본다면 조선의 국권 상실을 어린아이가 부모를 잃는 것과 같은 상황으로 볼 수도 있을 것이다. 국가주의는 근대화의 핵심적 요소였다. 어느 곳에서나 국가는 전통 시대와 비할 수 없는 차원에서 적극적으로 사회의 구석구석에 개입하면서 근대화 추진의 주체가 되었다. 독립국은 물론이고, 식민지에서도 식민 국가가 그 역할을 맡았다.

식민지 사회에 대한 식민 국가의 역할을 고아원에 비유해보자. ('고아원 원장'이라면 '침략'의 뜻이 배제되기 때문에 비유 대상으로 적절치 못한 점이 있기는 하다. 그러나 우리 사회에서는 그 뜻이 지나치게 강조되는 경향이 있어왔으므로, 뉴라이트의 식민 통치 미화를 반박하는 데 충분한 정도로 일본의 책임 범위를 줄여서 생각해보는 것도 좋다고 생각한다.)

고아원 원장이 원생을 대하는 태도는 여러 가지다. 제대로 먹이지 않으면서 강제 노역을 시키고 외부 원조를 착복하는 원장도 있다. 독실한 신앙심을 가지고 양심적으로 운영하며 원생들에게 같은 신앙심을 심어주고자 하는 원장도 있다. 교육의 의미를 넓고 깊게 이해하면서 원생들의 사회 적응 준비를 최대한 도와주려 애쓰는 원장도 있다.

일본은 어떤 성격의 고아원 원장이었던가? 세 세대 이상이 지난 지금 따지고 들기에 너무 새삼스러운 질문이다. 중년에 접어든 사람이 자신의 유·소년기 성장 환경의 성격을 따지고 있다면, 성장소설을 쓰고 있는 작가 아니면 정신과 상담을 받는 환자일 것이다.

그럴까? 우리 사회에 정신과 치료를 필요로 하는 문제가 있는 것일까? 유·소년기의 트라우마에서 유래하는, 청소년기에 적절한 치료를 받지 못한 채 방치해둔 문제가 있어서, 성년이 되어 사회에서 한몫을 하고 있는 지금까지도 내면의 불안을 잠재우지 못하고 있는지도 모른다. 진정한 어른이 되기 위해서는 뛰어넘어야 할 문제가 있는 것 같다.

수탈론과 근대화론을 넘어서

정신과 의사의 입장에서 이 환자를 관찰해보자. '정상적 가정' 아닌 고아원에서 자라나고, 준비도 없이 사회에 나서자마자 깡패 조직에 휩쓸린 사람. 패싸움에 앞장서다가 죽을 고비도 넘겼지만, 그 후에 뒤늦은 독학을 열심히 해서 칼잡이 대신 점포 경영으로 역할을 바꾼 결과 이제 합법적 사업을 꾸려나가는 자영업자가 되어 있는 사람.

비슷한 환경에서 살아온 많은 사람이 범죄나 마약에서 헤어나지 못하는 데 비하면 큰 성공이다. 환경에 비해 품성도 좋고 노력도 많이 한 덕분이다. 그런데 사업도 생활도 꽤 안정된 지금까지 그의 마음속에는 불안한 그 무엇이 남아 있다. 세상을 편안하게 받아들이지 못하고 극단으로만 생각하는 경향이 있는 것이다.

이 경향은 고아원 원장과 깡패 두목이 자기 인생에 어떤 작용을 했는가 하는 인식의 혼란에서 번져 나오는 것이다. 한편으로는 둘 다 밉다. 그런 자들에게 얽매여 지내던 시절이 치욕스럽기만 하고, 그들에게 매달리지 않고 살아가게 된 것이 다행스럽기만 하다. 그렇게 생각하면 그들이 하던 짓은 모두 거꾸로만 하고 싶다.

그런데 다른 한편으로는 그들의 힘이 부럽다. '내가 이만한 성공이라도 거둔 것은 그들의 성공을 보며 분발하고 그들의 강한 면을 배운 덕분 아니겠는가. 힘 있는 자가 힘없는 자를 괴롭히고 이용하는 것은 자연스러운 일이다. 약자의 입장에서 강자를 질시하는 나약한 자세로는 나 자신 강자가 될 길이 없다. 이만큼 강해진 이제 나도 강자의 눈으로 세상을 보고 나 자신을 봐야겠다.' 이렇게 생각하면 그들이 고마운 스승이고, 그들이 하던 짓을 그대로 따라 하고 싶다.

강자의 눈도 아니고 약자의 눈도 아닌 대범한 눈으로 볼 때 원장도 두목도 있는 그대로의 모습을 볼 수 있을 것이다. 나름대로의 곡절을 통해 그 위치에 서게 된 그들, 약자에게 군림하면서도 각자 내면의 고민을 가지고 있던 그들을 천사도 아니고 악마도 아닌 인간으로 이해하고 받아들일 때 스스로를 바라보는 내 눈길도 안정을 얻을 것이다.

독자들이 눈치를 채셨을까? 그렇다. 나는 양비론을 펴려는 것이다. 정의감에 의지하는 수탈론·반미론, 실용을 내세우는 근대화론·친미론, 어느 쪽에도 새의 두 날개를 갖추지 못한 편향성이 있다. 양쪽 다 '상황'을 내세워 그 편향성을 정당화하려 하지만, 판단을 갈라놓는 어지러운 상황일랑 좀 접어놓고 우리의 존재를 직시해보자.

뉴라이트에 빌미를 준 민족 과잉 역사관

앞의 3장에서 이런 말을 했다. "수탈론은 매우 넓은 범위에서 표출되어왔고, 또 피해망상적인 정서의 뒷받침도 받아왔기 때문에 불합리하고 편향적인 내용도 더러 섞여 있는 것이 사실이다."

수탈론을 지지해온 연구와 논설 중에는 지적 나태를 보여주는 것이 많다. 민족의 피해를 따지는 데 다소 과장하는 잘못이 있다 하더라도 그것은 '정의로운 오류'이기 때문에 용서받을 수 있다는 무비판적 분위기가 언론계만이 아니라 학계에까지 만연해 있었다.

인간이란 원래 오류를 저지르는 존재라고 한다. 따라서 오류는 도움을 줄 대상이지, 처단할 대상이 아니다. 그러나 '정의로운 오류'는 용서해서 안 된다. 정의란 주관적 가치관에 근거를 둔 것인데, 이것으로 객관적 사실을 재단한다는 것은 대단히 질 나쁜 폭력이다. 파시즘의 길을 여는 열쇠가 바로 여기에 있다.

'정의로운 오류'는 정의 자체를 망가뜨린다. 오류를 품은 정의는 활인活人의 칼이 아닌 살인의 칼이다. 살인의 칼이 당장은 불의를 행하는 자들을 두려움에 몰아넣을지 몰라도, 정의의 의미에 조그만 흠이라도 드러나는 순간 진정한 날카로움을 잃고 자신을 공격할 새로운 정의를 불러내게 된다.

『해방 전후사의 재인식』1권 머리말에서 박지향의 이런 말은 너무나 지당하다.

"민족지상주의의 또 하나의 문제점은 요즘 우리 사회에서 횡행하고 있는 '우리 민족끼리'라는 논의와 관련된 여러 양태에서 잘 드러난다. 민족지상주의는 민족이 다른 모든 가치들을 압도하고 지고의 가치로 부상해야만 직성이 풀리는 것 같다. 따라서 그들은 '우리 민족끼리'라는 기상천외한 이념을 국민 앞에 내세우면서 그에 대한 반대 목소리를 짓누르고 있다. 민족에 앞서 인권과 자유가 먼저라는 외침은 민족에 대한 배신으로 간주될 뿐이다."(14쪽)

『해방 전후사의 재인식』의 말미에 실린 편집위원 대담에도 새로운 담론 방향을 모색하는 진취적 학자들이 민족지상주의의 칼날 앞에 좌절을 느낀 사례들이 줄지어 나온다. 이것이『해방 전후사의 재인식』편찬의 일차적 명분이며, 논문 게재를 응낙한 국내외 진지한 연구자들 중에는 이 좌절감에 공감한 이들이 많았을 것이다. '민족지상주의'가 불러온 반발이라고 볼 수 있는 것이다.

민족주의에서 자유로운 카터 에커트의 분석

에커트Carter Eckert(하버드대학교 한국학연구소)의 논문「식민지 말기 조선의 총력전·공업화·사회 변화」(『해방 전후사의 재인식』 1권, 601~654쪽)에도 같은 문제의식이 보인다. "시대의 복합성을 단순히 민족의 희생과 민족주의적 투쟁이라는 역사 서술상의 패러다임으로 재단하려는 것은 조선인들 자신의 역량과 독창성뿐만 아니라 역사라는 학문 자체를 폄하하는 부당한 일"이라는 그의 지적은 한국 사회의 민족주의 편향성이 학계까지 뒤덮고 있음을 가리킨 것이다.

에커트의 연구는 한국의 근대화를 위한 물적·인적 조건이 식민지 시대를 통해 어떻게 확충되었는지를 밝힌 것이다. 관련 연구가 어떻게 진행되어왔는지 내가 자세히 알지는 못하지만 이 시대를 직접 연구하지 않는 사람에게 식민지 시대 한국의 실제 모습을 썩 명쾌하게 보여주는 좋은 논문이다. 민족주의 이념에 구애받지 않고 현실 조건을 있는 그대로 보는 관점 덕분에 이만큼 명쾌한 시각을 얻을 수 있다고 생각된다.

박지향이 머리말에서 "제4부는 식민지기와 해방 후 역사를 직접 연결시키는 인간군, 이를테면 박정희와 같은 인물들이 성장한 사실에서 식민지 유산을 찾아낸다"(같은 책, 17쪽)고 한 것은 에커트 논문에 대한 언급으로 보인다. 가치 판단이 억제되어 있는 이 언급은 이 논문에 대한 적절한 논평이다. 그러나 이영훈의 논평은 좀 다르다.

"전쟁은 한반도를 제국의 공업화된 기지로 변형시키면서 조선의 경제구조를 극적으로 뒤바꾸어놓았다. 그 과정에서 오늘날까지도 지속되고 있는 사회경제적 변화, 곧 근대화가 유발되었다. 그에 따라 조선인으로서 노동자와 기술자와 기업가와 관료의 수가 늘어나고 그 질이 향상되었다. 1960년대 이후 '한강의 기적'이라 불린 한국의 급속한 근대화 혁명을 주도한 박정희를 위시한 장교 그룹도 바로 그 과정에서 형성되었다. 이상이 에커트 교수의 논문입니다."(『대한민국 이야기』, 180쪽)

이 설명은 한국의 근대화가 식민지 시대의 기반 확보로부터 연속된 측면을 강조하며 '박정희를 위시한 장교 그룹'이 그 연속성의 축 역할을 했다는 인상을 준다. 이영훈은 『해방 전후사의 재인식』 편집위원 대담에서도 이 논문을 언급하며 식민지 시대와 대한민국기 근대화의 연속성을 중시하는 태도를 보인다.(『해방 전후사의 재인식』 2권, 648~649쪽) 이것은 에커트의 논문 취지와 거리가 있는 관점이다. 에커트는 두 시기 사이의 관련성을 제기한 것이지, 연속성을 말한 것이 아니다.

권위주의 정권은 식민지 시기의 유산

에커트의 논문은 일제 통치하의 한국에서 근대화의 기반 조건이 형성되는 과정을 밝힌 것이다. 그러나 그는 한국의 근대화와 관련된 일본의 정책이 그때그때의 상황에 따라 일본의 이익을 위해

결정된 것이기 때문에 식민지 시대의 근대화는 그 의미가 제한된 것일 수밖에 없다는 사실을 분명히 밝힌다.

"초기 식민 정부는 이미 발전 도상에 있는 본국의 공업을 복제하거나 심지어 그것과 경쟁하게 될지도 모른다는 염려 때문에, 한반도에 고도의 공업 구조를 설립하는 데에 관심을 기울이지 않았다"라든가, "이 글은 의도적으로 전시 조선에서 확인되는 조선인의 출세 기회들, 그러니까 조선에서의 식민지 지배를 이해하는 데 역사적으로 중요한데도 기존 논의에서 무시되어온 양상들에 초점을 맞추어 논의를 이끌어왔다. 그럼에도 이것이 복합적인 식민지 지배 역사의 한 단면에 불과하다는 것은 두말할 필요가 없을 것"이라고 하는 대목 등이다.

논문 도입부에서 에커트는 '전쟁'이라는 상황 변수를 부각시킨다. 총력 동원을 필요로 하는 전쟁 상황은 종래 차별과 억압을 받아온 소외 계층의 능동적 참여를 요구한다. 2차 세계대전 중 영국은 전쟁 협력을 조건으로 여러 피지배 민족에게 독립을 약속했다. 유럽의 여성참정권도 세계대전을 계기로 실현되었다. 식민지 한국에 대해 일본이 '내선일체'를 목표로 한 차별 철폐에 나선 것도 대동아전쟁의 확전 과정 속에서였다. 한국의 발전을 바라지 않는 일본이 부득이하게 조선 개발에 나선 것을 에커트는 전쟁 상황 때문이라고 보는 것이다.

에커트가 보기에 일본이 조선 식민지 개발에 처음으로 적극적인 태도를 취하게 된 것은 1914년 이후 1차 세계대전에 따른 공산품 시장 확대와 1918년 일본의 '쌀 소동'으로 절실해진 안정된 쌀 공급의 필요 때문이었다. 그러나 1920년대 경제 침체로 조선 개발 노력이 쇠퇴했다가 1930년대 만주 진출에 따라 조선 개발 정책이 활기를 띠고, 1937년 대동아전쟁 발발로 개발의 물결이 최고조에 오르게 되었다고 설명한다.

논문 말미에서 에커트는 "1930년대와 1940년대 일본 정책의 주목적은 조선인의 삶을 개선할 수 있는 기회를 늘리는 데 있었던 것이 아니라 제국의 역량을 강화하고 전쟁 수행에 봉사하는 데 있었다. 많은 수의 조선인들이 이 시기에 자신들의 운명을 개선시킬 수 있었던 것은 전쟁의 급박함이 가져온 아이러니이며, 일본의 관대함이 아니라 거꾸로 조선인의 능력과 결단력을 보여주는 증거"라고 했다. 일본이 식민 통치를 통해 한국에 만들어준 근대화의 기반 조건에는 구조적 문제가 없을 수 없음을 밝힌 것이다.

에커트는 식민지 시대에 형성된 근대화의 인적 자원, 특히 군인 집단을 설명하면서 대한민국의 근대화 과정에서 일제 통치의 권위주의 스타일이 재현된 사실과의 관련성을 제기했다. 중요한 의미를 담은 지적이다. 그런데 이것을 그 집단 덕분에 '한강의 기적'이 가능했다는 듯이 갖다 대는 것은 이영훈의 이야기이지, 에커트의 이야기가 아니다.

『해방 전후사의 재인식』에는 에커트의 논문 외에도 참고 가치가 있는 진지한 연구 결과가 많이 실려 있다. 특히 지나친 민족주의 편향성을 뛰어넘어 더 넓은 지평을 바라보는 연구들에 접하게 된 것이 독자로서 반가운 일이다.

새로운 관점을 모색해온 연구자들에게도『해방 전후사의 재인식』게재 요청은 반가웠을 것이다. 편집진이 공식적으로 제안한 편집 취지는 그야말로 "학문적 발전"을 위한 바람직한 시도로 보였을 것이다. 편집진의 (적어도) 일부가 이 책을 정치적으로 이용할 생각을 가지고 수준 미달의 정치 선전물을 끼워 넣거나 심지어 게재 논문의 내용을 왜곡해서 전파할 것을 필자들이 미리 상상할 수는 없었을 것이다.

뉴라이트 측에서는 근현대사와 관련해 학계 주류를 '좌파'라 몰아붙이지만 내가 보기에 학계 주류는 '수구 보수'다. 기존 민족주의 패러다임의 정상상태normal state를 유지하려는 성향이 너무 강하기 때문이다.

그런데 지금은 패러다임 전환을 심각하게 모색할 때가 되었다. 하루아침에 패러다임을 내다 버리라는 것이 아니다. 기존 패러다임의 한계에 대한 진보적 학자들의 지적을 적어도 귀담아 들을 필요를 알아야 한다는 것이다. (뉴라이트가 '좌파'로 지목하는 이념성 강한 학자들을 '진보파'라 부르기도 하지만, 내가 여기서

'진보적' 학자라 함은 이념에 대한 집착에서 벗어나 새로운 관점을 모색하는 노력을 가리킨다. 지금 상황에서는 '탈이념'을 학문적 진보성의 주된 지표로 보는 것이다. 민족주의가 정치에 충분히 반영되지 못하고 있는 현실에서는 민족주의의 관철에 정치적 진보성의 의미가 있지만, 학술과 사상에서는 민족주의 이후를 모색할 필요가 제기되고 있기 때문이다.)

『해방 전후사의 재인식』은 주류 학계와 다른 이념으로 주도권을 넘겨받으려는 뉴라이트 논객(학자라기보다는)들의 쿠데타 시도다. 이 시도가 상당 범위의 진보적 학자들을 동원할 수 있었던 것은 무엇보다 주류 학계의 과도한 보수성에 대한 반작용에서 반사이익을 얻은 덕분이다. 이명박 정부의 등장으로 그 의도가 일찍 분명히 드러나게 된 것이 다행이라면 다행이다.

뉴라이트 역사관으로 역사교육을 대치하려는 야욕이 서울특별시 교육감 공정택의 책동으로 드러나기 시작했다. 이명박 정부의 '노가다' 스타일로 볼 때, 빠른 시간 내에 역사교육에 심각한 훼손이 빚어질 위험이 있다. 그뿐 아니라 뉴라이트 역사관에 의탁하는 극우적 대외 정책과 경제정책이 국익을 해치는 일은 벌써 진행되고 있다.

『해방 전후사의 재인식』 출간 9개월 후 일군의 진보적 소장 학자들이 힘을 합쳐『근대를 다시 읽는다』두 권을 엮어낸 것은 장한 일이다. 포괄하는 연구 방향이『해방 전후사의 재인식』과

많이 겹치지만, 학문의 발전만을 위해 만든 이 책은 한국학의 장래를 보여주는 책이다. 뉴라이트를 비판적으로 보는 주류 학자들에게 이 책을 사 보라고 권하고 싶다. 뉴라이트 역사관이 수준 미달이라고 콧방귀만 뀌면 무엇 하나? 나쁜 놈들이라고 욕만 하면 무엇 하나? 서학을 '사학'邪學으로 몰아 탄압을 청하는 상소를 놓고, '정학'正學이 융성하면 사학이 발붙일 자리가 있겠느냐, 분란 일으킬 시간을 아껴 학문에나 힘쓰라고 호통 치던 정조 임금의 기개가 그립다.

사악한 것인가, 우둔한 것인가?

사악하고 우둔한 자, 과연 누구인가

'나쁜 놈'은 상대적 의미를 가진 표현이다. 성격이 모질어 보통 사람들이 못 하는 짓도 할 수 있는 사람 또는 통상적 사회규범에서 벗어나는 생활 태도를 가진 사람을 가리키는 말로 쓰인다. 비난의 뜻을 특히 강하게 할 때 '짐승 같은 놈'이나 '사람 같지 않은 놈'이라 하는 것을 보면 나쁜 놈도 사람은 사람이라고 인정하는 것이다.

그런데 '사악한 인간'이라 하면 '인간'보다 '악'에 의미의 중점이 있다. 절대적이고 본질적인 '악'을 말하는 것이다. 사악한 인간이란 인간의 울타리를 벗어난 존재다. 인간의 모습을 하고 있지만 인간의 원리와 반대되는 원리에 따르는 '반反인간'을 가리키는 것이다.

보통 사람의 소박한 관점으로는 사람을 사람으로 보지 않는 다는 것이 불가능한 일이다. 절대적인 '악'의 관념을 앞세워야 한 다. 절대 악의 개념을 공급하는 종교는 여러 갈래 있지만, 그중 우 리에게 익숙한 것은 기독교다. 촛불 시위에 나선 시민들이 아무 리 밉더라도 그것을 "사탄의 무리"로 규정한다는 것은 기독교의 절대 악 개념 아니면 힘든 일이다.

부시가 "악의 축"axis of evil이란 말을 쓸 때 이것을 절대 악 개 념으로 받아들이는 것은 상대적 의미를 제시하는 아무 준거도 없 이 쓴 것이기 때문이다. 이런 말을 들으면, 평소 인간이 사악할 수 있다는 생각 없이 합리적 태도로 세상을 살아가고자 애쓰던 나 같은 사람도 '저놈이야말로 사악한 놈 아닌가?' 하는 생각이 든 다. 부시의 마음속에 절대 악의 개념이 있음을 안 이상, 그 개념의 존재를 존중해주고 싶은 것은 인지상정이다.

나는 사실 뉴라이트 물결에 휩쓸린 사람들 중에 우둔한 자들 은 있겠지만, 사악한 인간은 없을 것이라고 생각한다. 그러나 뉴 라이트 이념을 대표한다는 이들 중에서 아래와 같은 언설이 나오 는 것을 보면 '저놈이야말로 사악한 놈 아닌가?' 하는 생각을 참 기 힘들다.

"김대중 씨는 자기의 주관적 통일 이론만 가지고 남북수뇌회 담을 추진한 것입니다. 한편으로는 북한 정세를 제대로 읽을 수 없을 만큼 우둔하고, 다른 한편으로는 국가 민족이야 어떻게 되었든 자기의 개인적인 정치적 야심을 철저히 추구할 만큼 사악했다고 할 수 있습니다."(『대한민국 역사의 기로에 서다』, 288쪽)

'사악'이라는 유별난 말을 안병직이 썼기 때문에 이 대목이 두드러지게 눈에 거슬렸던 것이지만, '우둔'이란 말을 쓰는 방법도 생각해보면 비슷한 것이다. 북한 정세를 '제대로' 읽는다는 것이 어떻게 읽는 것인가? 안병직의 북한 정세에 관한 관점을 보면 '어, 저렇게 보는 사람도 있구나. 참 별난 사람이네' 하는 생각은 들지만, 그가 우둔한 사람이라는 생각은 들지 않는다. 그러나 자기와 관점이 다르다는 이유만으로 남을 우둔하다고 규정하는 것을 보면 '저놈이야말로 우둔한 놈 아닌가?' 하는 생각을 참기 힘들다.

북한의 파멸을 바라는 세력

북한 정세에 관해 안병직이 접하는 정보의 분량이 나보다는 훨씬 많을 것이다. 그러나 김대중 전 대통령이 접하던 정보량에는 훨씬 못 미칠 것이 분명하다. 여의도연구소를 맡은 뒤는 어떨지 몰라도 위에 인용된 이야기를 하던 시절에는 큰 격차가 있었을 것이다. 그런데도 그가 김 전 대통령을 우둔하다고 단정 지은 까닭이 무엇인가?

위의 인용보다 앞선 이야기를 보면, 북한이 정상 국가가 아닌 폭력 국가라는 사실, 북한이 1998년 이후 강성 대국 노선을 추구하고 있었다는 사실을 감안하지 않고 대북 정책을 결정했다는 것이다.(같은 책, 286~288쪽)

나는 안병직의 대북관이 틀린 것이고 김 전 대통령 쪽이 옳았다고 생각하지만, 정보량에 자신이 없으니 고집을 세우지는 않겠다. 안병직의 관점이 옳은 것이라 치자. 그렇다 하더라도 그의 논법은 틀린 것이다.

'햇볕정책'이란 말 속에는 북한에 문제가 있다는 인식이 함축되어 있다. 그래서 북한에서 이 말에 반감을 보이는 것이다. 햇볕정책이 북한의 문제점을 감안하지 않은 것이라는 비판은 말이 되지 않는다. 문제점의 구체적 성격을 따져, 외투 벗기기가 아니라 모자 벗기기에 목적을 두어야 할 사안이라고 설득한다면 혹시 모를 일이다. 모자 벗기기라면 '햇볕정책'보다 '폭풍정책'이 더 효과적인 방안일 수 있으니까.

이영훈은 '폭력 국가'란 것이 "원자화된 개인을 직접 지배하는" 체제이며 "그런 국가에 외부로부터 우호적인 지원이 들어갈 때 어떠한 방향으로 변할 것인지는 기존 지배층의 이해관계가 결정하게" 된다고 한다.(같은 책, 286~287쪽) 우리 모두 잘 아는 이야기다. 그런 폭력 국가라면 우리도 20년 전까지 가지고 있던 것이 아닌가.

원자화된 개인이 직접 체제의 지배를 받던 군사독재 시절, 독재를 극도로 미워하던 사람들은 누구든 외부 세력이 우리 체제를 때려 부숴주기를 바라기도 했다. 그러나 그것은 체제의 악랄함에 대한 극단적 반발심일 뿐, 대다수 국민은 점진적 개혁을 원했고, 그것을 이뤄냈다. 사회 기반 조건의 변화에 아랑곳없이 권력에 집착하던 '기존 지배층'은 내부 모순으로 무너졌다.

6자회담을 보더라도 한국의 햇볕정책은 북한의 연착륙에 큰 도움이 되어온 것이 분명하다. 가시적 성과에도 불구하고 합당한 이유 없이 햇볕정책을 비판 정도가 아니라 비난하고 나서는 것은 북한의 연착륙이 아니라 파멸을 바라는 속셈이 아닌가 하는 의심을 받지 않을 수 없다. '우둔', '사악' 같은 극단적 표현을 남발하는 데서 이 의심은 더욱 짙어진다. 그리고 뉴라이트 신자유주의 정책 노선과의 관련성으로 눈길이 가게 되는 것이다.

벨벳 혁명의 허점

1987년 민주화로 독재 시대의 '기존 지배층'이 정말 무너졌던가? 엄밀히 말하면 '지배 구조'가 무너진 것이다. 상징적인 몇 사람이 (처단도 아니고) 퇴출되었을 뿐, 계층으로서의 '지배층'은 거의 아무런 손상도 입지 않았다.

'1987년 체제'는 '벨벳 혁명'(피를 흘리지 않고 시민혁명을 이룩한 것을 가리키는 용어)의 꿈을 담은 길이다. 그 길을 연 혁명 주체는 정치적으로 중도적이고 경제적으로 중간층에 속하는 '시민' 계층이었다. 정치적 지향성이 약한 이 계층이 주체로 나선 것은 기존 군사독재가 사회 기반 조건의 발전에 너무나 뒤처져 겉돌고 있기 때문이었다. 개량주의 성향의 이 계층이 바란 것은 점진적이고 합리적인 변화 과정이었다.

20여 년간 계속된 1987년 체제 속에서 바로 그런 과정이 진행되어왔다. 이런저런 곡절이 있었지만, 내가 보기에는 좋은 변화가 참 많았다. 차분한 마음으로 21년 전과 지금을 비교해보면, 권위주의 해소와 남북 간 긴장 완화 등, 어떤 과격한 혁명으로도 이루기 쉽지 않은 성취들이 그동안 꾸준히 쌓여왔음을 생각하게 된다.

1987년 이후 10년간은 독재 시대의 기존 지배층을 대표하는 민자당·신한국당(한나라당의 전신)이 정권을 담당했다. 그러나 이 기간에 한나라당은 1987년에 드러난 평화와 민주주의를 향한 대세를 정면으로 거스르는 반동을 시도하지 못했다. 그 결과 1997년 이후 10년간은 평화와 민주주의를 보다 적극적으로 추구하는 반反한나라당 세력이 정권을 담당하게 되었다.

2007년의 대통령 선거는 벨벳 혁명의 허점을 드러낸 하나의 안티클라이맥스anticlimax였다. 내가 싫어하는 사람이 당선되었다고 해서 하는 이야기가 아니다. '경제 살리기' 같은 허구의 과제

13

가 핵심 이슈가 된 상황이 웃기는 일이라는 것이다. 경제가 죽었나? 죽어가고 있었나? 그만하면 멀쩡하게 돌아가고 있는 경제를 놓고 호들갑을 떠는 와중에 정작 요긴한 과제들이 도외시되고 말았다.

벨벳 혁명의 '허점'이라 함은 현실 정치에 작용할 수 있는 특정 집단의 조직력에 대응책이 없다는 것이다. 한나라당으로 대표되는 독재 시대의 기존 지배층은 반대 세력을 압도하는 조직력과 자금력을 가지고 있다. 현실 상황의 자연스러운 흐름은 시간이 지날수록 그들의 입지를 축소시킨다. 이 흐름을 뒤집기 위해 그들은 집요한 노력으로 경제 이슈화에 성공, 정권을 장악하게 된 것이다.

정말로 20년 전으로 돌아가려는가

집요한 선전 활동이 시대의 흐름을 잠깐 가릴지는 몰라도 뒤집을 수는 없는 것이다. 잠깐 가려놓는 데만 해도 엄청난 비용이 들었다. 단적인 예가 '조·중·동'의 위신 추락이다. 벅찬 목표를 따라가기 바쁘다 보니 예전처럼 은근히 풍기는 정도로는 약발이 충분치 않아 원색적 나팔질과 노골적 말 바꾸기를 일삼다가 꼴이 말씀 아니게 됐다. 반공 독재 시대 이래 그들이 떨쳐온 위력을 회복한다는 것은 이제 불가능한 일이 되었다.

촛불 현상은 시대의 흐름에 거스르는 이명박 정부의 반동적 역류가 일으킨 풍파다. 이제 선전 활동 정도로 국민의 이목을 가릴 수 없는 상황에 왔다. 방송 장악에 목을 매고 있지만, 장악에 성공한다 해서 해결될 문제가 아니다. 경찰, 검찰에 감사원까지, 공권력을 무절제하게 휘두르는 양상은 집권 세력의 대응책이 얼마나 빈약한지 보여줄 뿐이다.

미국 쇠고기 수입 정도의 사안으로 세상이 발칵 뒤집힐 것을 그들은 상상하지 못했을 것이다. 그런데 어쩌나? 교육과 의료 시장화, 공기업 민영화, 대운하 등등 쇠고기보다 더한 폭탄들이 줄지어 기다리고 있는데.

국민들의 눈에서 시대의 흐름을 오랫동안 가리는 것이 불가능하다면 그들이 시도할 일은 한 가지다. 시대의 흐름을 진짜로 뒤집어놓는 것이다. '경제 살리기'의 절박함만으로는 평화와 민주적 가치를 바라는 국민의 마음을 억누를 수 없다. 한반도의 긴장을 최대한 격화시켜놓아야만 독재 시대 억압 체제의 복원을 정당화할 수 있을 것이다.

내가 생각해도 이 정도면 너무 비현실적인 '음모론'이 아닐까 하는 생각까지 든다. 그러나 어쩌랴, 워낙 비현실적인 상황을 이해하려면 비현실적인 상상력이 필요한 것을.

내가 비현실적인 상황이라 하는 것은 다른 무엇보다, 전임 대통령들이 서명한 남북 간 조약들을 이명박 정부가 인정하지 않고 있는 상황을 말하는 것이다. 조약 내용 중에 국익을 위해 도저히 승계할 수가 없는 것이 있다면 재협상이든 추가 협상이든 요구할 일 아닌가. 뉴라이트 일각의 주장처럼 북한을 아예 국가로 인정하지 않는다면 조약 파기를 선언할 일 아닌가. 취임 반년이 넘도록 조약 내용을 준수할 뜻조차 밝히지 않고 있는 것은 무슨 뜻인가? 반칙을 유도하기 위한 고의적 '더티 플레이'인가?

사장이 바뀐다 해서 법인체 회사가 맺은 계약을 무효로 돌릴 수 있는가? 미국과의 쇠고기 협상을 놓고는 온 나라가 들끓는데도 국제 신인도가 어쩌니 저쩌니 하더니만, 강한 상대에게 굽실거리고 약한 상대를 무시하는 것이 신인도 올리는 길이라고 생각하는 걸까?

제발 남북 관계만은……

부시 행정부는 북한 등 "악의 축"을 이용해 가공架空의 긴장 상태를 일으킴으로써 군사정책을 멋대로 주무르는 편의를 취했다. 그 과정에서 미국의 대외 신인도는 크게 훼손되었다. 클린턴Bill Clinton 전 대통령도 탄핵 위험이 절박한 상황에서 이라크 공습을 재개해 군사정책을 정략적으로 이용한다는 지탄을 받은 일이 있지만, 부시의 행각에 비하면 "새 발의 피"다. 미국의 '깡패 국가'rogue state 이미지는 10년 전에 비해 매우 선명해졌다.

그런 부시 행정부도 설거지 단계에 접어들어서는 북한을 대하는 태도에 상식을 많이 되찾고 있다. 6자회담 참가국 중 미국과 함께 북한에 가장 편협한 태도를 보이던 일본도 더 버틸 길이 없어 보인다. 모두가 긴장 완화를 바라보고 있는 가운데 한국만이 이명박 정부 출범 후 홀로 경직된 태도를 지키고 있다. 긴장 유지의 피해를 가장 많이 받는 나라의 정부가 맞는지, 도저히 이해할 수 없는 일이다.

　　뉴라이트가 남북 관계 긴장 상태의 유지 내지 격화를 바라는 것은 신자유주의 경제정책을 펴는 미국이 세계의 군사적 긴장을 키우는 군사정책을 취한 것과 똑같은 맥락에서 이해할 일이다. 신자유주의 경제정책은 빈부 격차를 늘려 제로섬게임의 한계를 최대한 확장하는 정책이기 때문에 경제적 자유를 위해 정치·사회적 자유를 제한하는 경향을 가진 것이다.

　　미국이 이런 소모적 정책을 택한 것은 붕괴의 순간까지 강자의 입장에 유리한 특성을 활용할 수 있는 이점이라도 있기 때문이다. 약자의 입장에 가깝고 긴장 완화의 과제를 가지고 있는 한국 입장에서는 말도 안 되는 부적절한 정책이다.

　　그런 부적절한 정책을 '경제 살리기'라고 다수 유권자가 밀어주었으니, 경제는 살리든지 죽이든지 맘대로 하시라. 시장화도 좋고 민영화도 좋고 대운하도 좋다. 그러나 제발 대북 관계만은 장삿속으로 망가뜨리는 일이 없기를 빌고 또 빈다.

역사를 '과학'이라고 보는가?

학문에 '특허권'이 없다니?

안병직은 「한국근현대사의 체계와 방법」이란 글에서 현행 중등 역사 교과서들에 비해 교과서포럼의 『대안 교과서 한국 근·현대사』가 우월하다는 주장을 폈다. 그의 중요한 논점 하나를 아래 대목에서 볼 수 있다.

"한국 사학계에서는 정치사나 경제사 등 사회과학계의 역사 연구를 역사학이 아닌 것처럼 말하는데, 이러한 견해는 한국 사학계가 아직도 근대과학의 이론을 갖추고 있지 못하기 때문에 나온 발언에 불과하다는 점을 밝힌다. 한국 사학계가 아직까지 근대과학의 조명을 제대로 받지 못하고 있는 사실은 그들이 한국 근현대사를 제대로 서술할 능력이 있는가 하는, 여간 심각하

지 않은 문제를 제기한다."(『시대정신』 40호, 뉴라이트재단〔현 시대정신〕, 2008 가을, 250쪽)

사회과학계의 역사 연구를 역사학이 아닌 것처럼 말한 역사학자가 누구인지는 밝히지 않았는데, 정말 그렇게 말한 역사학자가 있다면 나는 그를 역사학자로 인정하지 않을 것이다. 적어도 진지한 역사학자로는 인정하지 않을 것이다. 정치학자의 정치사 연구나 경제학자의 경제사 연구 중에는 역사학의 관점에서 별 의미가 없는 것도 있지만, 역사학계에 중요한 공헌이 된 것도 수없이 많다는 것이 상식 아닌가?

안병직의 발언은 교과서포럼에 역사학자가 참여하지 않았다는 지적을 반박하는 뜻에서 나온 것이다. 그 뜻은 아래 글에 더 분명히 나타난다.

"한국의 사회과학계에서 대안 교과서『한국 근·현대사』를 출판하자 한국 사학계 일부에서는 이를 역사학 전공자들이 아닌 연구자들의 저서라고 비하卑下하고 있는 모양인데, 그들이 과연 역사학이 무엇인지를 제대로 이해하고 있는지 매우 의심스럽다. 역사학이란, 본래 '역사를 연구의 대상으로 하는 학문'이지, 거기에 무슨 독점적 연구의 특허권을 가진 학과가 존재하는 것이 아니다."(같은 책, 261~262쪽)

이것은 좀 위험한 생각이다. 자동차 생산라인에는 여러 분야 기술자들이 매달린다. 그 모두가 '자동차 만들기'에 공헌하는 것으로 인정된다. 그러나 몇몇 기술자가 생산 라인 밖에서 모여 저희들끼리 자동차를 만들어낼 수는 없다. 아리스토텔레스 식으로 말하자면 목적인目的因, final cause은커녕 형상인形相因, formal cause도 없기 때문이다. 역사 연구와 역사 서술은 다른 것이다.

서울대학교 국사학과의 문중양과 동양사학과의 김영식은 학부에서 계산통계학과 화공학을 전공한 이들이다. 대학원에서 과학사를 전공했고, 연구의 초점을 계산통계학이나 화공학이 아닌 역사학에 두었다. 그 결과 역사학에 대한 공헌 능력이 역사학계의 인정을 받은 것이다. 교과서포럼 멤버들이 분류사 연구자라하더라도 이들처럼 역사학계의 인정을 받을 만큼 역사학에 초점을 둔 학술 활동을 해왔다면 이번의 자칭 대안 교과서보다는 훨씬 좋은 물건을 만들 수 있었을 것이다.

학문적 책임 지지 않는 교과서 집필

교과서포럼의 '대안 교과서'에는 '역사 교과서'로 삼기 어려운 많은 문제가 있는데, 편집·집필진에 진지한 역사학자가 없다는 것이 그 중요한 이유 가운데 하나로 보인다. 그러한 비판에 대해 안병직은 역사학계의 배타성을 탓하는 듯하다. 역사학계의 '나와바리' 문제는 동양사 전공자로서 한국사에 관심을 키워온 나 자신이 어려움을 겪은 일이어서, 우리 역사학계에 좀더 개방적인 분위기가 자라났으면 하는 소망을 품고 있다.

그러나 이번 대안 교과서 문제에서는 "역사학자 없이 하니까 잘못된 것이다" 하는 뜻보다 "잘못된 것을 보니 역사학자 없이 했다는 문제를 생각하지 않을 수 없다"는 뜻으로 들린다. 역사학의 기본 성격에 대한 이해가 모자라는 것으로 보이기 때문이다. 설령 교과서포럼에서 역사학 교수 두엇을 포섭해 이름을 올렸다 하더라도 책 내용에 문제가 많으면 "제대로 된 역사학자의 참여가 없었다"는 지적을 받았을 것이다.

사실 뉴라이트처럼 자금력과 영향력이 큰 세력이 교과서포럼에 역사학자 하나 동원하지 못한 것을 의아하게 생각했었다. 그러나 가만 생각하면, 다른 전공 학자들은 결과가 신통치 않다 해서 자기 분야의 학문적 권위에 손상을 입지 않는다. 그들에게는 역사 교과서 관여가 도덕적 문제일 뿐, 학문적 문제는 아니기 때문이다. 반면, 역사학자가 이 일에 끼어든다면 그야말로 학문적 생명을 걸어야 한다. '대안 교과서'에 학문적 권위를 걸고 달려든 사람은 이영훈 한 사람뿐인 것 같다(그는 역사학자를 자처한다). 그리고 그 결과는 온 학계의 구경거리가 되었다.

사회과학자와 역사학자는 어떻게 다른가

안병직은 '사회과학계'를 한국 사학계와 대비해서 교과서포럼의 배경으로 내세운다. 교과서포럼 멤버들의 전공이 하도 중구난방이다 보니 오합지졸의 인상을 주는 것이 안쓰러웠던가 보다. 뭐든 하나의 학계를 갖다 대면 일관된 학문적 원리가 작용했다는 인상을 줄까 하는 뜻에서 그랬나 본데, 전공의 최소공배수를 기껏 '사회과학' 정도로밖에 줄일 수 없었다는 것이 안타까운 일이다. 정치학에서 경영학까지, 사회과학 전체를 일관하는 학문적 원리가 뭐라고 그는 생각하는 것일까.

그는 한국 사학계가 "근대과학의 이론"을 제대로 갖추지 못하고 있다고 지적함으로써 마치 교과서포럼의 '사회과학자'들은 그런 이론을 갖춘 것처럼 풍긴다. 그래서 과연 어떤 이론을 그리 자랑스럽게 생각하는지 궁금해서 글 끝까지 읽어보았지만, 이론 같은 것은 아무것도 없었다. 그가 내세운 이야기는 민중운동사가 아니라 대한민국사에 중점을 둔다는 것, 실패 국가를 무시하고 성공 국가만을 바라본다는 것, 두 가지뿐이다. 이것은 학문적 이론이 아니라 기껏해야 이념적 기준일 뿐이다.

그럼에도 불구하고 그는 사회과학자들의 작업이므로 역사학자들의 작업보다 과학적 기준에서 우월한 것이라는 인상을 주고 싶어한다. 사실 안병직이 짚어서 제시하지 않아도, 사회과학자들 한 일이 역사학자들 하는 것과는 역시 다르구나 싶은 점이 있기는 있다. 그런데 바로 그것이 '역사 교과서'로서는 치명적 결점으로 보이는 것이다.

뚜렷한 예로, 앞의 1장에서 지적했던, 인간을 이기적 존재로 보는 관점 같은 것이다. 근대 자연과학은 자연의 추상화를 탐구 방법 확장의 기반으로 삼았다. 물리학 개론에서 말하는 점point이 니 강체rigid body니 하는 것들은 현실에 존재하지 않는 것이다. 복잡한 자연의 한 측면만을 추상화해 이론의 전개를 손쉽게 한 것이다.

사회과학은 자연현상 대신 사회현상에 자연과학의 방법론을 적용시키고자 하는 노력에서 출발했다. 고전 경제학에서 인간을 "이기적 존재"로 상정한 것은 복잡한 인간의 한 측면만을 추상화해 이론의 전개를 손쉽게 한 것이다. 인간이 이기적 존재에 그치지 않는다는 사실은 생활을 통해 누구나 아는 상식이다.

제정신인 경제학자라면 연구실 안에서는 인간이 이기적 존재라는 전제하에 연구를 진행하더라도 현실 생활에서는 인간을 더 폭넓은 시각으로 바라볼 것이다. 인간이 이기적 존재라는 학술적 가정hypothesis을 역사 해석에도, 국가정책에도 적용시키려 드는 자들은 과연 제정신인가?

민중사의 대안으로 제출된 주식회사 대한민국의 사사
과학에 대한 맹신은 근대적 현상의 하나였다. 17세기의 과학혁명이 18~19세기 산업혁명의 발판이 되었고 산업혁명이 근대사회의 기반이 되었기 때문에, 20세기 중엽까지 과학에 대한 신뢰는 거의 종교 수준이었다.

1962년 레이철 카슨Rachel Carson의『침묵의 봄』Silent Spring 출간 등으로 환경문제가 일반인의 의식에 부각되면서 과학에 대한 신뢰가 흔들리기 시작했다. 그 후 과학 자체를 그야말로 '과학적'으로 고찰하는 노력이 과학의 한계를 밝혀내면서 포스트모더니즘의 길이 열렸다.

과학이 신앙의 대상이던 시절에 자라난 '근대역사학'도 그 영향을 받지 않을 수 없었다. 근대역사학의 특성을 나는 이렇게 본다.

"인쇄술 발전으로 정보의 축적만이 아니라 유통까지 대형화한 단계에서 근대역사학이 나타났다. 피지배층까지 문자를 향유하게 되면서 국민 통제 수단으로 국민교육이 개발되고 역사교육이 그 안에서 큰 비중을 차지하게 되었다. 역사교육의 내용을 확보하고 담당자를 양성하기 위해 직업적 역사학자들이 대학에 자리 잡고 분과 학문으로서 근대역사학을 키워냈다.

근대역사학은 종전보다 정치적 무기로서의 기능을 더욱 강화했다. 민족과 문명들 사이의 접촉이 늘어난 상황 때문이었다. 국민국가들은 국민에게 민족의 영광에 대한 믿음을 심어주는 '역사'를 경쟁적으로 개발했고, 이 경쟁에 '과학성'이 동원되었다. 그래서 근대역사학은 유사 과학pseudo-science의 성격을 띠게 되었고, 이 성격을 더욱 강화한 것이 계급투쟁을 제창한 마르크시즘이었다."(『밖에서 본 한국사』, 11쪽)

근년 교과서를 비롯한 역사학계 주류의 서술 기조가 민족주의와 민중주의 등 이데올로기에 지나치게 묶여왔다는 뉴라이트 측의 지적에 나는 동의한다. 따라서 일제강점기를 바라보는 데도 일부 세력의 항일운동에 절대적 비중을 두는 대신 대다수 한국인이 처해 있던 현실 상황에 더 주목하자는 그들의 제안을 반갑게 받아들인다.

그러나 뉴라이트 쪽에서 기회 있을 때마다 '실증'을 내세우는 데는 역사 개발의 경쟁에 유리한 고지를 점령하려는 뜻이 보인다. 그 실증이란 것이 역사학자들보다 숫자놀음에 익숙하다는 이점을 활용해 유사 과학의 특성을 강화하는 방향이라면 그 한계는 뻔하다. 인간 자체의 이해 노력을 외면하는 유사 과학으로서의 역사학은 하나의 이데올로기를 배척하면서 또 하나의 다른 이데올로기에 복무할 뿐이다. 기존 역사관이 민족과 민중에 복무하는 것이라면 뉴라이트 역사관은 '주식회사 대한민국'의 사사社史 수준으로 물러서는 것이다.

학문적 도전 아닌 정치적 책략

역사학계의 실태에 대한 뉴라이트 비판 중에는 귀담아들을 만한 것이 꽤 있다. 신자유주의 정책 주장을 뒷받침하려는 정략적 의도에 쫓겨 주장하는 본인들조차 제대로 노력을 기울이지 못하고 있기 때문에 진지하게 받아들이기 힘든 것이 아쉬운 일이다. 안병직의 이런 말도 말인즉 매우 지당한 말이다.

"근현대사의 연구는 고대사나 중세사와는 달리 역사 과목 이외에 해당 연구 분야의 이론을 제대로 습득해야 수행할 수가 있는데, 지금의 한국 사학계처럼 다른 학문 분야의 역사학 전공자들과의 학제적 교류를 기피하는 것은 심하게 표현하면 자살행위나 다름없다."(「한국근현대사의 체계와 방법」, 『시대정신』 40호, 262~263쪽)

두 가지 방향에서 중요한 의미를 담고 있는 지적이다. 하나는 근대사회가 전근대사회보다 구조가 엄청나게 복잡해졌기 때문에 전통 시대 연구보다 훨씬 넓은 범위의 관점을 포괄하지 않으면 총체적·실효적 파악에 한계가 있다는 점이다. 또 하나는 근대 들어 분과 학문들이 늘어나 전통 시대에 역사학이 맡고 있던 역할을 나눠 맡아왔다는 점이다.

선진국에 비해 다른 분야들과의 학제적 연구가 부진한 상태에 머물러 있다는 것은 한국 역사학계가 극복해야 할 문제임에 틀림없다. 전통 시대사 연구도 그렇지만 특히 근현대사 연구에서 매우 절실한 문제다.

그런데 뉴라이트의 문제는 이런 문제를 지적만 했지, 극복을 위해 스스로 진지한 노력을 기울이지 않는다는 것이다. 왜 교과서포럼은 역사학자를 끌어들이는 데 실패했나? 교과서포럼 안에서 역사학자들과 사회과학자들이 함께 토론하는 것도 문제 극복을 위한 합당한 길이 아니었겠는가?

"그런대로 우호적이라 할 만한 몇 사람에게 부탁해보았습니다만, 모두 거절당하고 말았"다고 이영훈은 말한다.(「뉴라이트 대안 교과서를 말한다」, 같은 책, 327쪽) 내가 보기에는 우호적인 역사학자들조차 수긍할 수 없을 만큼 결함이 큰 방향을 추구한 것이고, 교과서 교체라는 현실 정치적 목표에 일정이 쫓긴 때문이다.

나는 뉴라이트 역사관의 문제가 기본적으로 '진정성'의 문제라고 생각한다. 한국의 주류 역사학계는 많은 문제를 안고 있다. 뉴라이트는 이 문제들을 끌어모아 자기네 주장의 명분으로 내놓는다. 그러나 잿밥에 마음이 가 있으니 염불에 공을 들일 수 없다. 반사이익을 극대화하기 위해 문제 지적에는 과장을 일삼으면서 막상 문제 극복을 위해서는 진지한 노력이 없으니 학문적 도전이 아니라 정치적 책략으로 보이는 것이다.

'승리'가 곧 '성공'인가?

역사의 의미가 '성공'에만 있는가

앞의 14장에서 언급한 안병직의 글「한국 근현대사의 체계와 방법」을 보며 무엇보다 아연했던 것은 대한민국을 성공 국가로, 북한을 실패 국가로 규정하고, 따라서 한국 근현대사는 대한민국사를 중심으로 서술해야 한다는 주장이었다. 성공과 실패를 어떻게 규정하는지는 차치하고, 역사의 의미가 성공에만 있고 실패에는 없다는 말인가? 그는 심지어 민중운동사를 배척하는 이유까지도 여기에서 끌어낸다.

"민중운동사가 북한의 역사관과 기본적으로 동일하다는 것은 굳이 더 설명할 필요가 없다. 민중운동사가 제시하는 대로 국정 방향을 설정하면, 국가의 장래는 지금의 북한 꼴이 되기 마련이다. 그러므로 여기에서 독자들은 필자가 왜 한국 근현대사의 주조를 민중운동사에 두지 않고 대한민국사에 두려고 하는지를 분명히 이해할 수 있을 것이다."(『시대정신』 40호, 257쪽)

민중운동사가 북한의 역사관과 기본적으로 동일하다? 이것이 굳이 더 설명할 필요도 없는 자명한 사실이라고? 물론 뉴라이트 역사관과 비교한다면 민중운동사와 북한의 역사관 사이가 더 가깝겠지만, 그것은 하나 마나 한 이야기다. 극우의 입장에서 자기보다 왼쪽을 모두 좌파라 부르는 것이나 마찬가지일 뿐이다.

설령 민중운동사가 북한의 역사관과 비슷한 것이라 치자. 그 역사관에 따라 국정을 운영하면 지금의 북한 꼴이 된다고? 뉴라이트 주장에 따르면 지난 10년간 그런 국정 운영이 진행되어왔다. 그 10년이 시작할 때 대한민국 경제는 IMF의 난장판에 빠져 있었다. 10년간 소위 '좌파' 정권이 국가의 장래를 망쳐놓기는커녕 상황을 많이 호전시켜놓았다.

나라 꼴 망치는 데는 이명박 정부가 훨씬 더 뛰어난 소질을 보이고 있다. 민주 질서를 퇴행시키고 있는 데다가 경제조차 잘 돌아갈 징조가 보이지 않는다. 월스트리트가 무너지면서 달러 가치가 추락하는 와중에 원화 가치가 더 앞장서서 곤두박질치는 까닭이 뭔가? '문명의 가치'를 내세우며 '국제 협력'을 부르짖는 뉴라이트의 '성공'이 이런 것인가?

경쟁은 언제나 바람직한 것인가

뉴라이트가 신자유주의 노선을 추구하는 것은 신자유주의가 공산권에 대한 승리를 통해 자본주의의 성공을 확인한 길이라고 여기기 때문일 것이다. 신자유주의란 어떻게 나타난 것인가? 앞서 4장에서 밝힌 것처럼 1970년대의 경제 위기에 대한 반응 중 신자유주의가 반동적 방향의 것이라는 의견을 나는 가지고 있다. 경제학에 대해서도 경제에 대해서도 아는 것이 많지 않지만, 산업혁명 이후 근대 세계사의 흐름, 특히 그 기술사 측면에 비추어 판단하는 것이다.

눈부신 속도의 기술 발전은 18세기 후반에 시작해 2차 세계대전까지 이어졌다. 20세기 초반 긴박한 전쟁 상황이 기술 발전에 극한적 자극을 주었다. 그 자극이 사라진 20세기 후반에 들어서서는 기술 발전의 추세가 다소 누그러졌다.

기술 발전은 자원 공급을 확장해준다. 한편으로는 종래 경제적 가치가 없던 자원에 새로운 가치를 만들어주고, 다른 한편으로는 자원 채취를 용이하게 해주는 것이다. 이에 따라 경제 규모가 200년에 걸쳐 빠른 속도로 확장되었고, 그 확장 추세 속의 경제 운용에 적합한 체제로 자본주의가 나타났다.

자본주의의 기본 원리는 '경쟁'이다. 경쟁은 '평등'에서 벗어나는 경향을 가진다. 그런데 경쟁이 어떤 상황에서도 평등보다 우월한 사회 운영 원리는 아니다.

이 책 1장에 소개한 부시먼족 같은 수렵·채집 사회를 생각해보자. 식량 확보에 공이 큰 사람과 힘센 사람들이 너무 큰 몫을 가져간다면, 의욕을 키우는 사람보다는 의욕과 체력이 떨어지는 사람들이 더 많아져 부족 전체의 활동에 차질이 생길 것이다. 같은 분량 식량의 한계효용이 적게 받는 사람에게보다 많이 받는 사람에게 작기 때문이다.

자본주의 체제가 근대사회에서 널리 채택될 수 있었던 것은 파이가 커지고 있던 상황 덕분이었다. 적극적으로 경쟁에 나서 성공을 거둔 사람들이 큰 이득을 취하더라도 방관한 사람들, 실패한 사람들의 생존이 심각한 위협을 받지는 않는 상황이었던 것이다.

파국을 격화시킨 신자유주의 노선

1945년 이후 인류의 기술 발전은 그 이전에 확보된 기술을 더 다듬어내는 범위에 그치면서 새로운 원리를 개발한 것은 별로 없다. 얼마 동안은 기존 원리만 가지고도 응용의 확대와 적용의 확장을 통해 자원 공급의 증가 추세를 웬만큼 이어갈 수 있었다. 그러나 1970년대에 이르러 그때까지의 경제체제를 그대로 지속할 수 없는 '성장의 한계' 상황이 닥쳤다.

사실 '성장의 한계'는 19세기 후반에도 한 번 닥쳤던 상황이다. 자원 공급의 확장 속도가 아직은 매우 빠르던 시기였지만, 그때까지의 워낙 철저한 자유방임 경제체제로는 지탱하기 어려운 수준까지 둔화되었다. 승자의 독식winner-take-all이 패자의 생존을 위협하는 상황이 나타나기 시작한 것이다.

위기에 대한 대응은 세 갈래로 나타났다. 가장 급진적 대응은 경쟁을 원천적으로 부정하는 공산주의였다. 중도적 대응은 경쟁을 허용하되 얼마간 제한을 두자는 제도학파의 제안이었다. 그러나 대세를 휩쓴 것은 가장 반동적 대응인 제국주의 노선이었고, 20세기 초반 두 차례 세계대전의 파국이 이로부터 비롯되었다.

앞서 4장에서 언급한 것처럼 세계대전과 대공황을 겪는 가운데 철저한 자유방임주의는 무한 경쟁을 추구한 제국주의 노선과 함께 설 땅을 잃었다. 한쪽 진영은 공산주의에 입각한 계획경제로, 다른 한쪽은 제도학파의 제안을 받아들인 착근 자유주의 시장경제로 경쟁을 벌인 것이다.

1970년대의 경제 위기는 두 진영 모두에 타격을 가했다. 그런데 공산주의 진영이 효과적 대안을 찾아내지 못하고 무기력한 침체에 빠진 반면, 자본주의 진영 일부가 미국의 주도하에 신자유주의 노선으로 나섰다. 신자유주의 노선은 상황의 문제점을 해소하기는커녕 더욱 격화시켜 파국을 앞당김으로써 추진 주체가 상대적 이득을 얻자는 것이었다.

1980년대에 레이건이 신자유주의 경제정책과 함께 추진한 군사정책이 어떤 것이었던가. 그야말로 천문학적 규모의 비용이 드는 '별들의 전쟁'이었다. 경제 여건에 역행하는 군비 확장은 상대방이 먼저 손들도록 압박하는 치킨 게임이었다. 냉전의 대결 상황이 이 소모적이고 반동적인 정책을 가능하게 해준 것이다.

자본주의 신앙고백 뉴라이트의 역사관

1990년을 전후한 공산권 붕괴는 신자유주의 노선의 '승리'였다. 그러나 이것을 '성공'이라고 말할 수 있을지는 의문이다. 정책 노선으로서 그 성공 여부를 판정하기 위해서는 지금 진행 중인 미국 금융공황을 포함해 더 많은 것을 감안해야 할 것이다.

공산권 붕괴 역시 공산권의 '패배'라고는 할 수 있지만 공산주의 경제의 '실패'라고 단언할 것은 아니다. 자원 공급이 원활하지 못한 상황에서 자유방임 정책에는 문제가 있다. 향후 자원 공급 상황에 따라 공산주의식 계획경제의 타당성이 얼마든지 다시 검토될 수 있다.

당장 금융시장에 대한 국가 감독의 강화를 향한 미국과 유럽의 움직임부터가 신자유주의 자유방임의 퇴조를 알리는 신호일 수 있다. 미국은 소련에 대한 승리의 기세를 타고 세계화를 신자유주의 노선으로 몰아붙였다. 미국 경제는 레이건 이래 국가 재정 적자 등 구조적 문제를 키워왔다. 그 문제를 덮어놓기 위해 거품을 키우는 신자유주의 노선을 벗어날 수 없었으니, 호랑이 등에 매달려 달려온 셈이다.

　미국 금융 위기의 실상을 정확히는 이해하지 못하지만 대충 짐작은 간다. 신자유주의 노선 지탱을 위해서는 시장의 **빠른** 확대가 필요하다. 그런데 쌍둥이 적자(재정 적자와 경상수지 적자)에 시달리던 미국 경제가 고육지책으로 부동산과 금융 상품의 거품으로 경기 확장에 매달려온 일이 한계에 이른 것 아니겠는가. 파이는 커지지 않는데 소수의 몫을 계속 늘리면서 다수의 눈을 환상의 부로 가려온 것이다. 우리의 부동산 거품도 비슷한 것으로 생각된다.

　미국 금융계의 비상한 공황에도 불구하고 이명박 정부가 신자유주의 정책 노선을 전혀 반성하는 기색이 없는 데 많은 사람이 의아해하고 있다. 재산세 등 다른 세원을 늘리지도 않고 세출 줄일 방안도 없이 종합부동산세를 없애겠다는 것은 기적을 불러오겠다는 뜻인가? 나는 이것이 공산권 붕괴를 '자본주의의 성공'으로 믿는, 그래서 자본주의를 유일한 '문명'으로 숭배하는 뉴라이트 신앙과 관계있는 것이 아닌가 생각한다.

　어떤 제도든 상황과 여건에 따라 효용성을 가지는 것이다. 근대 이전 사람들이 모두 바보라서 자본주의 좋은 것을 모르고 다른 체제를 취했던 것이 아니다. 근대에 들어와 자본주의에 적합한 상황이 전개되니까 자본주의가 고안된 것이고, 한번 만들어진 뒤에도 현실에 맞춰 조정을 가해온 것이다. 지금도 현실에 큰 파탄이 일어나니 신자유주의에 앞장서 온 미국조차 뭔가 조정을 시도하고 있는 판에, 한국의 뉴라이트가 자유방임 깃발을 그대로 휘젓고 있는 것은 유사종교 수준의 인식이라 할 것이다.

북한을 실패한 국가로만 보려는 집착

자본주의 신앙이 역사 인식에는 어떤 문제를 일으키는가? 이영훈과의 대담 중 안병직은 이런 말을 했다.

"그러나 사회주의는 자본주의의 진정한 대안이 되질 못했습니다. 그것은 사회주의가 70년간의 실험 끝에 결국 실패로 귀결됨으로써 명백히 증명되었습니다. 사회주의가 실패로 귀결될 수밖에 없었던 것은 인간의 자유와 사유재산제도를 부정한 데 있다고 생각합니다. 인간의 본성은 본래 이기적인 것이므로, 이 이기심을 살려두어야 거기에서 무한한 발전의 동력이 나옵니다."(『대한민국 역사의 기로에 서다』, 263쪽)

1990년을 전후한 공산권 붕괴가 안병직에게는 자본주의의 절대적 정당성에 대한 증거다. 과거에서 미래까지 변하지 않는 정당성이다. 지금 월스트리트가 무너지건 말건 자본주의의 핵심인 자유방임 원리를 지켜야 한다는 믿음, 그리고 자본주의가 과거에도 언제나 우월한 체제였다는 믿음을 그는 굽히지 못한다.

15

1930년대 대공황 속에서 소련이 가장 적은 충격을 받았던 사실을 그가 어떻게 이해하는지, 그리고 북한 경제가 한때 남한보다 우월했던 사실을 어떻게 설명하는지 궁금하다.

안병직과 이영훈의 대담 중에는 이런 이야기들이 있다.

> "흔히들 1970년대 초까지는 북한의 소득수준이 남한보다 높았다고 합니다만, 만약 이것이 사실이라고 하더라도, 그것은 식민지기에 일제가 북한에 건설한 중공업이 그 기반이었다고 하겠습니다."(같은 책, 267쪽, 안병직의 말)
> "해방과 분단에 따른 혼란에 이어 한국전쟁으로 인한 산업 시설의 파괴로 한국 경제는 참으로 비참한 지경에 떨어졌습니다."(같은 책, 160쪽, 이영훈의 말)

이영훈은 다른 책에서 이런 이야기도 했다.

"그 상당 부분이 한국전쟁 과정에서 미국군의 폭격으로 파괴되었다고 합니다만, 드러난 건물이나 저장 시설이야 그러했지, 분리 가능한 핵심 설비를 폭격의 대상으로 방치해둘 정도로 북한의 지도부가 어리석었다고는 생각하지 않습니다. 흔히들 북한이 1960년대까지 남한보다 경제적으로 앞섰다고 이야기합니다. 제가 말씀드리고 싶은 점은 그렇게 된 것은 그들이 선전하는 대로 사회주의 생산력의 덕분이 아니라 어디까지나 북한이 일제로부

터 받은 물적 유산이 풍부했기 때문이라는 점입니다."(『대한민국 이야기』, 171~172쪽)

손발이 척척 맞는다. 북한의 전쟁 파괴가 더 심했다는 상식 중의 상식 앞에서 이승만을 옹호하기 위해서는 폭격 피해를 부풀리고 북한의 업적을 깎아내리기 위해서는 줄이는 고무줄 잣대다. 그래도 뉴라이트 논설 가운데는 모처럼 이승만에 대해 비판적인 대목이다. 직접적 표현은 아니지만, 작은 폭격에도 큰 피해를 입을 만큼 어리석었다는 이야기니까.

자본주의의 우월성에 대한 절대적 믿음 때문에 북한의 성취를 원천적으로 부정할 필요가 생겨나는 것이다. 다른 한편으로는 남한 역사의 대목 대목을 하나도 빠짐없이 성공의 역사로만 해석해야 하는 편향성 또한 피할 수 없다.

공산주의를 택했다는 이유만으로 북한을 실패할 운명의 나라로, 자본주의를 택했다는 이유만으로 남한을 성공할 운명의 나라로 규정한다는 것은 역사학의 문법에 맞지 않는, 쉽게 말해서 말이 되지 않는 소리다. 그래서 뉴라이트 역사관을 살펴보면 살펴볼수록 원리주의 성향의 유사종교가 떠오르는 것이다.

'실패'의 역사에서 배우라

'승리'를 곧 '성공'으로 풀이하는 뉴라이트 세계관은 역사를 보는 눈만이 아니라 현실을 보는 눈도 한쪽으로만 열어준다. 진보 진영의 선거 패배는 곧 그들의 실패라고 뉴라이트는 본다. 패배자들이 했던 모든 일을 승리자가 뒤집을 수 있는 것이라고 생각한다.

일제강점기 친일파도, 지금 '강부자'도 뉴라이트의 눈에는 승리자들이며, 따라서 성공한 자들이다. 성공했다는 것은 목표가 올바르고 노력이 충분했다는 뜻이다. 따라서 친일파 비판은 실패한 자들의 시기심일 뿐이며, 부자에게 세금을 더 물리려는 종합부동산세는 "잘못된 세금 체계"인 것이다. 경제학자들이 종합부동산세의 타당성을 아무리 설명해도 소용없다. 성공한 자들을 대접해주기는커녕 부담을 지우려 들다니, 올바른 세금 체계일 수 없는 것이다.

'경제 살리기' 방안도 그렇다. 대기업 소유자들은 그들의 눈에 성공한 사람들이다. 능력이 입증된 사람들이다. 그들의 더욱 큰 성공을 돕는 것이 정치다. 범죄를 사면해주고, 세금을 줄여주고, 규제를 풀어주고, 사업 기회를 만들어주고, 방법을 가리지 않고 편하게 해줘야 그들이 신나서 사업을 잘한다. 그렇게 해서 파이를 키워놓아야 열등한 인간들도 부스러기나마 얻어먹을 수 있다. 성공할 능력도 없는 자들을 배려한 전임 대통령은 어떤 보답을 받았나? 성공할 줄 아는 사람이라야 보답도 할 줄 안다. 표로든, 돈으로든.

앞서 말한 것처럼 뉴라이트에 대한 나의 비판은 정책이 아니라 '역사관'을 대상으로 하는 것이다. 그러나 들여다볼수록, 몰상식한 역사관이 몰상식한 정책을 밀어주는 추세에 기가 턱턱 막힌다. 민족도 국가도 안중에 없이(대한민국은 그들에게 이용 대상인 하나의 주식회사일 뿐, 정체성과는 관계없는 존재다) 자기 정체성을 "이기적 존재"로만 규정하고 달려드는 자들이 사회 통합social integrity을 무너뜨리기 위해 하지 못할 일이 무엇이겠는가.

19세기 말 자본주의의 위기 속에서 가장 반동적인 제국주의 노선이 득세하던 사정을 생각하게 된다. 경쟁의 주체인 국가들이 목전의 득실에만 매달려 상황을 파국으로 몰고 갔다. '승리'를 곧 '성공'으로 보던 사회진화론의 시대였다. 그 교훈을 깡그리 무시하는 집단이 21세기의 국가 하나를 쥐락펴락하고 있다는 것은 기네스북에 오를 일이다. 부끄럽다.

'교과서'를 불쏘시개로 아는가?

교과서란 원래 융통성 없는 물건

융통성 없는 행동을 놓고 "교과서대로 한다"고 한다. 일반적으로 글이란 것, 책이란 것이 쓴 사람의 생각을 담는 것이다. 적당한 정도라는 것이 있기는 하지만, 필자의 주견을 뚜렷이 드러내는 것이 글이나 책의 가치를 보장해주는 기본 조건이 된다.

그런데 교과서는 주견을 최소화할 필요가 있는, 융통성이 없어야 하는 책이다. 교육의 기본 재료인 교과서가 필자의 가치관에 따라 들쑥날쑥하다면 교육에 혼란을 일으킬 것이다. 시장가치를 추구하는 일반 서적과 달리 교과서는 제도적 가치를 추구하는 책이다.

옛날 옛적부터 어떤 교육에나 교재는 있었다. 교과서도 교재의 한 형태다. 다만 제도적 성격이 강하다는 특징을 가지고, 근대적 제도인 국민교육의 일환으로 나타난 것일 뿐이다.

국민교육의 목적에는 두 가지 측면이 있다. 하나는 피교육자 개개인의 근대사회에 대한 적응력을 키워주는 기능적 측면이다. 또 하나는 국민을 국가 체제에 순응시키는 이념적 측면이다. 역사교육은 국민교육의 이념적 측면을 대표하는 분야로 출발했다.

역사학이 학문으로서 의미를 가지는 것은 역사관 덕분이다. 역사관 없이 과거사를 살피는 것은 골동의 취미일 뿐이다. 어느 사회에나 나름대로 질서의 원리가 있다. 그 원리는 인간을 어떤 존재로 보느냐 하는 인식에 근거를 두는 것이고, 이 철학적 인식을 많은 사람들이 구체적으로 알아볼 수 있게 해주는 창문이 역사관이다.

관습의 힘이 크게 작용하던 전통 사회에서는 질서의 원리에 대한 이견이 크지 않았다. 변화가 빨라진 근대사회에서 서로 다른 원리들 사이에 경쟁이 일어나게 되었고, 근대사회의 주축이 된 국가 사회들이 각자의 원리를 표방하게 되었다. 처음에는 민족국가 사이의 경쟁에 대응하기 위한 민족주의가 그 원리의 핵심이었으나, 19세기 후반 자본주의가 한계를 드러내기 시작한 후로는 정치·경제 체제 문제가 비중을 키우게 되었다.

이런 변화 속에서 역사교육과 역사 교과서도 국가 사회의 질서 원리를 재생산하는 제도로 자라났다. 따라서 역사 교과서는 소속한 사회의 기본 질서를 지키고 키우는 방향으로 편찬되는 것이며, 시류에 너무 민감하지 않은 안정성을 가져야 하는 것이다.

역사교육은 양날의 칼

1999년 이스라엘에서 역사 교과서의 개혁이 있었다.

이스라엘의 건국을 무조건 정당화하고 아랍과의 갈등을 상대방 책임으로만 떠넘기던 것이 기존 서술 방침이었다. "100년 전 팔레스타인은 비어 있다시피 한 땅이었고 그 땅을 유대인들이 엄청나게 비싼 값으로 사들이며 주변 아랍인들과 도와가며 살려고 애썼다. 그러나 오만한 아랍인들은 유럽에서 박해를 피해 고향을 찾아온 유대인들을 발도 붙이지 못하게 하려고, 유엔의 결정까지 무시하면서 이스라엘을 없애기 위한 전쟁을 걸었다. 이스라엘은 병력과 무기의 열세에도 불구하고 생존의 의지 하나로 침략을 물리쳤으며, 팔레스타인 난민은 이스라엘이 쫓아낸 것이 아니라 스스로 떠난 것이다." 이런 식이었다.

50년간 이스라엘 역사교육에 통용되던 이 서술 기조를 벗어난 새 교과서에는 이스라엘의 등장으로 곤경에 빠진 아랍인의 입장도 설명되어 있고, 유대인 측의 잘못된 판단이나 무리한 정책도 지적되어 있다. 시오니즘과 이스라엘의 역사를 기적과 영광으로 찬양만 하기보다 훨씬 합리적인 설명을 시도했다.

새로운 '수정주의' 교과서는 1994년 이츠하크 라빈Yitzhak Rabin 수상 시절에 착수된 것이었다. 베냐민 네타냐후Benjamin Netanyahu의 보수 정권 아래서도 그 편찬 작업이 묵묵히 진행된 끝에 다시 평화 정책으로 돌아선 에후드 바라크Ehud Barak 수상 시대가 되어 빛을 보게 된 것이었다. 그 후 '수정주의' 교과서는 정권 변화에 관계없이 교육 현장을 지키며 이스라엘 국민 의식을 꾸준히 바꿔놓고 있다.

이스라엘은 아직도 세계의 문제아다. 대영제국의 앞잡이로 태어나 미국의 앞잡이로 자라나며 세계 평화의 암적 존재로 작용해온 나라다. 그러나 그 나라에도 인류 보편의 가치, 평화를 지향하는 절실한 움직임이 있다. 이 움직임이 쌓이고 쌓이면서 이스라엘의 문제점을 완화시켜왔고, 궁극적으로 극복을 바라보는 것이다. 1999년의 역사 교과서 개혁은 이 변화를 대변하는 것이다.

우리 학계 일각에서 '국사 해체' 주장이 나오고 있다. 민주와 평화의 가치를 중시하는 입장에서 민족주의의 폐해를 반성하는 관점이다. 나는 『밖에서 본 한국사』에서 국사의 해체 대신 '구조 조정'을 대안으로 제시했다. 이스라엘 역사교육의 변화에서 배우자는 것이다. 세계 평화와 관련해 이스라엘의 역할에는 아직도 문제가 있다. 그러나 역할을 개선하기 위한 노력이 있다는 사실은 이스라엘의 희망이다. 역사교육은 양날의 칼이다.

민주화의 결실, 교과서 검인정 제도

우리의 국사 교육도 이스라엘처럼 획기적인 변화는 아니지만 민주화의 진전에 따라 개선의 길을 걸어왔다. 가장 반가운 변화는 국정교과서 체제에서 검정 체제로의 전환이다. 이 전환이 점진적으로 이뤄지고 있다는 사실 자체가 또한 반가운 것이다. 2002년까지 국사 교육에는 국정교과서만이 쓰여오던 것을 2003년부터 고등학교 1학년까지는 국정을 쓰되, 2, 3학년의 근현대사는 선택 과목으로 하여 검정 교과서를 쓰도록 했다. 2011년부터는 모든 국사 교과서를 검정으로 할 계획이다.

역사 교과서를 국정으로 묶어놓는 데는 국가 이념의 경직성을 초래하는 폐단이 있다. 국가의 이념은 너무 쉽게 흔들려서도 안 되지만, 또한 굳어져 있어서도 안 된다. 사회의 내적 발전과 외부 조건의 변화가 모두 어느 정도 이념의 탄력성을 요구한다. 사회를 너무 불안하게 만들지 않는 한도 내에서 사상의 자유를 뒷받침할 신축성이 필요하다. 검정 체제를 통해 사회가 용납하는 역사관의 폭을 넓히는 것은 민주화의 중요한 인프라 작업이다.

지금 뉴라이트 측은 기존 근현대사 교과서의 '좌 편향'을 문제 삼으며 당장 바꾸지 않으면 나라가 뒤집어질 것처럼 요란을 떨고 있다. 이것을 보며 궁금한 생각이 드는 것은, 왜 2002년 검정 과정에서는 그런 문제가 지적되지 않았을까, 더 좋은 서술 방안이 있다면 왜 당시에 그런 교과서를 만들어 검정 신청을 하지 않았을까 하는 것이다.

이 문제와 관련하여 교육과학기술부(이하 교과부) 국정감사 때 안병만 장관이 "정권이 바뀌면 역사 교과서를 바꿔야 한다고 생각하느냐?"라는 야당 의원의 질문에 "예" 하고 대답했다가 나중에 정정하는 촌극이 있었던 모양이다. 나중에 정정했다는 것을 보면, 그래서는 안 된다는 것을 알기는 아는 모양이다. 그러나 벌어지고 있는 상황을 보면 분명히 그래서는 안 되는 방향으로 가고 있다.

현 정부 출범이 2008년 2월, 교과서포럼의 자칭 대안 교과서가 나온 것이 3월이다. 그 후로 기존 교과서에 대한 공격이 이 구석 저 구석에서 마구잡이로 튀어나왔다. 교과서포럼의 뒤를 따라 상공회의소, 국방부, 통일부가 줄줄이 나서고, 공정택 서울특별시 교육감의 속 보이는 행보에 이어, 한나라당까지 전면적인 공세에 나선 것이다. '수정·보완' 정도가 아니라 '개편' 수준으로, 그것도 바로 다음 학기부터 뜯어고치자는 기세로.

검정에 한번 통과된 교과서를 바꾸는 것은 대단히 조심스러운 일이다. '수정·보완'의 경우 금년 상반기 중에 교과부가 수렴된 의견을 출판사와 필자에게 보내면 이들은 이를 재량껏 반영해 내년 1학기 교과서를 준비한다. 단편적 '수정·보완'을 넘어서는 '개편' 차원일 때는 몇 년의 시간이 걸리는 것이 상식이다.

김대중 정부에서 '제2건국'을 표방할 때 역사 교과서도 졸속

개편되지 않을까 걱정했다. 그러나 교과서 개편 작업은 임기 말까지 절차를 다 밟으며 차분히 진행되어 2003년부터 새 교과서를 사용하게 되었다. 새 교과서의 '좌 편향'이 걱정되는 사람이 있으면 얼마든지 의견 제시 기회를 가질 수 있는 진행 방법이었다. 그렇게 차분히 진행한 것은 정말 잘한 일이다. 그러지 않고 절차상 흠집을 남겼다면 지금 정부는 벌써 '좌 편향' 교과서를 '수거·폐기'하고 있을 것이다.

역사학계 폐쇄성보다 뉴라이트 폐쇄성이 문제

교과서포럼의 '대안 교과서' 편찬에 역사학자의 참여가 없었다는 것이 그 책을 교과서는커녕 역사서도 되기 힘들게 하는 결과를 낳았음을 앞의 14장에서 지적한 바 있다. 지금 교과서 개편 책동도 역사학계와 관계없이 진행되고 있다.

김도연 전 교과부 장관이 교과서의 '직권 수정' 가능성을 시사해 파문을 일으킨 것이 신호탄이었던가? 그 후 한승수 총리는 "학자들에게만 맡겨둘 것이 아니라 각 부처가 교과서의 잘못된 부분을 취합해 반영하도록 하라"고 저돌성을 보였다. 또한 국회 교육과학기술위원회의 교과부 국정감사에서는 한나라당 의원들이 만사 제쳐놓고 총공세에 나선 가운데 정두언 의원의 "금성출판사 역사 교과서는 북한 교과서를 그대로 베낀 것"이라는 해괴

한 주장까지 나왔다.

　클라이맥스인가, 안티클라이맥스인가? 드디어 대통령까지 나섰다. "교과서 문제도 잘못된 것은 정상적으로 가야 한다"는 것이다. 종합부동산세가 "잘못된 세금 체계"라더니, 마음에 들지 않는 것은 뭐든지 "잘못된" 것이라고 한다. '잘된' 것과 '잘못된' 것을 가리는 이분법 외에는 어떤 가치 기준도 갖추지 않은 사람 같다.

　같은 날 20여 개 역사학 연구 단체들이 행동에 나섰다. 공동 기자회견을 열어 정부와 여당에 대한 몇 가지 요구 사항을 내놓았는데, 요점인즉 역사 교과서를 역사학계에 맡겨놓고 가만히 좀 있으라는 것, 그리고 검정 제도를 지켜달라는 것이다.

　너무나 지당한 요구다. 이것을 뉴라이트는 또 역사학계의 폐쇄성이라고 강변할 것인가? 역사학계에는 수천 명의 연구자가 있고, 한국 근현대사 분야에만도 수백 명의 연구자가 있다. 뉴라이트는 그중에는 자기네에게 우호적인 사람들도 있다고 스스로 말한다. 그런데 역사 교과서와 관련해 한 사람의 동조자도 얻지 못한 것은, 일을 추진하는 방식과 결과물인 '대안 교과서'의 내용에 상식 이하의 문제가 있기 때문이다. 뉴라이트의 폐쇄성이 문제다.

　(이 책을 만드는 동안에도 수구 집단의 교과서 책동은 '난동' 수준으로 확장·격화되고 있다(이후에 벌어진 일들에 대해서는 이 책 부록

참조). 그 와중에 대통령이 비공개 회의에서 한 출판사를 놓고 "정부가 두렵지 않으냐"고 한 말이 새어 나와 그의 권력관을 선명히 보여주기도 했다.)

절차가 중요하다

다시 이스라엘로 돌아가 보자. 평화를 지향하는 수정주의 역사관은 1980년대 들어 이스라엘 역사학계의 일각에서 나타나기 시작했다. 초기의 수정주의 역사가들은 매국노, 반역자로 몰렸다. 그러나 학자적 양식과 지성인의 양심에 따라 이 방향 연구가 쌓이고 넓혀진 결과, 1990년경까지 학계의 주류로 자리 잡았다. 역사교육에 수정주의를 적용하는 작업이 1994년 시작되어 1999년 교육 현장에 나타나게 되었다. 20년에 걸친 차분한 전진으로 역사교육의 새 원리를 안정시킨 것이다.

한국의 '좌 편향' 교과서는 어떤 길을 걸어왔는가? 한국사에 해방 후 시대를 다루는 '현대사'란 장르가 나타난 것은 1987년 이후의 일이었다. 그 전의 반공 독재 정권 아래서는 이 시대에 대한 역사학적 고찰이 용납되지 않았다. 따라서 1987년 이후 한국 현대사 연구자에게 정치적 성향에 관계없이 주어진 첫번째 과제는 반공 독재 정권이 강요하던 시각을 벗어나는 것이었다. 이렇게 출발한 현대사관이 2002년 교과서에 반영되기까지 15년의 시간이 걸렸다. 어느 정도 안정된 관점을 얻어낼 만한 시간이었다.

뉴라이트를 앞세운 수구 집단의 문제 제기 방식을 여기에 비교해보자. 일부 경제사학자들이 얼굴마담으로 나섰지만, 그들은 역사학계에서 공론을 일으키지 못했다. 역사학에 소양이 없어 보이는 여러 분야 사람들을 모아 교과서도 못 되고 역사서로 봐주기도 뭣한 '대안 교과서'란 것을 만들어놓고는 정권의 힘으로 역사교육을 뒤집어놓으려 한다.

역사교육을 망치려는 '나쁜 짓'이라고 보는 입장을 잠깐 벗어나, 대한민국 국가를 빛내고 신자유주의 노선을 밀어주려는 뉴라이트 입장으로 바꿔 생각해보면, 이렇게 서두르는 것이 참 '멍청한 짓'이란 생각을 하지 않을 수 없다. 설령 내놓으려는 내용이 좋은 것이라 하더라도, 교육제도의 절차를 망가뜨리는 것은 국가를 빛내는 길이 되지 못한다.

그리고 신자유주의 노선을 밀어주려면, 억지로 교과서 자리를 빼앗기보다 현행 교과서를 공격 대상으로 놓아두고 도전자 입장에서 비판을 제기하는 것이 여론의 접촉 면도 늘리고 호응도도 높이는 길이다. 그러나 지금의 모습을 보면 내용을 모르는 사람도 '뭔가 억지를 쓰는가 보군' 하는 인상을 받게 된다. 억지란 것은 내용에 자신 없는 사람들이 쓰는 것이라는 게 상식이니까.

승리를 곧 성공으로 보는 뉴라이트 사고방식이 이런 조급한 행태를 불러오는 것 아닐까? "싸우지 않고 이기는 것이 최상의 전략"이란 병법 원리는 승리보다 성공의 중요함을 말해주는 것이다. 그러나 뉴라이트에게는 통하지 않는 원리다. 싸우지 않고 이기면 전리품을 어떻게 얻는단 말인가? 스스로를 "이기적 존재"로 규정하는 그들은 없는 싸움이라도 만들어 전리품 얻을 기회를 늘려야 한다. 이기적 존재들의 집단에서는 개체의 이익을 위해 집단 전체의 득실이 희생될 수 있다는 사실을 여기서도 확인할 수 있다.

교과서 검정은 교육과정의 틀을 벗어나지 않는 한도 내에서 다양한 관점을 용납하는 제도다. 기존 교과서가 만족스럽지 않으면 다른 교과서를 만들어 검정을 신청하면 된다. 기존 교과서를 용납한 제7차 교육과정에 문제가 있다고 생각한다면 절차에 따라 교육과정 개편을 추진하면 된다. 지금의 교과서 소동은 역사교육의 의미를 전혀 생각지 않는, 분란을 위한 분란일 뿐이다. 그와중에 교과서는 정략적 불장난을 위한 불쏘시개 취급을 당하고 있다.

이 땅의 보수를 죽이려는가?

합리적 보수를 향한 열망

"이 땅의 우익은 죽었는가?" 1987년 군사독재 종식 후 민주화 과
정이 진행되는 한쪽에서 비장하게 터져 나온 말이다.

이 말에 당시 사람들은 생뚱맞은 느낌을 우선 받았다. 진보는
커녕 진정한 보수주의조차 용납되지 않던 수십 년 반공 독재에서
겨우 벗어난 마당에, 보수가 갑자기 설 땅을 잃은 것처럼 호들갑
을 떨다니? 그래서 그 말은 '보수'가 아니라 '수구' 세력의 안타
까움을 담은 말로 이해되었다.

그러나 여운이 남았다. 당시 '진보'의 물결에 휩쓸린 세상 속
에 '보수'를 표방하는 세력으로 민주정의당 하나만이 고립되어
있는 상황에는 '균형'의 문제가 분명히 있었다. 그래서 통일민주

당의 민주자유당 합류를 놓고도 "호랑이 굴에 들어가야 호랑이를 잡는다"는 말이 통할 여지가 있었던 것이다. 수구는 아닌 것으로 보이던 민주당이 민정당과 합쳐 수구 정당 아닌 보수 정당 민자당을 이끌어내는 것도 의미 있는 일로 볼 수 있었다.

그 후 민자당의 후신이라 할 수 있는 신한국당·한나라당에서는 '합리적 보수'가 하나의 중요한 화두가 되었다. 선거제도가 살아난 상황에서 수구 정당 간판으로 대중의 지지를 모을 수 있겠는가. 당내 권력은 수구 집단이 쥐고 있어도, 곁에 내건 간판에는 '보수'라고 적혀 있었다. 이 간판을 뒷받침하기 위해 정말 합리적 보수주의자라 할 만한 사람들도 얼마간 끌어들였다. 민주화 세력이 모두 '진보'를 표방하고 있는 동안, 신한국당·한나라당은 '보수'의 이름을 선점하는 것을 생존 전략으로 삼았다. 진정한 보수에 대한 사회의 잠재수요를 이용한 것이다.

뉴라이트가 단기간에 큰 세력을 모은 배경에는 이 합리적 보수의 여망이 있었다. 그 성공에는 기수로 나선 안병직의 이미지가 큰 몫을 했다고 나는 생각한다.

1980년대까지 그는 서울대학교에서 특출한 권위를 가진 교수였다. 운동권에서의 명망은 차치하고, 나 같은 보통 학생도 그의 열정적 연구 자세를 존경했다. 이번 작업에 착수하기 전까지만 해도 어느 자리에서 그의 이야기가 나오든 나는 "안 선생님"이라고 그를 지칭했다. 이상한 이야기가 간간이 들려도, 학자로서의 그의 본질과는 관계없는 것이려니 생각했다.

그런데 이제 그에게 교수님, 총재님은 몰라도 "선생님" 소리
는 할 수 없게 되었다. 그는 학자로서 할 수 없는 말을 너무 많이
했다. 왜 이렇게 되었나? 현실 정치에 관여한다고 해서 학자의 자
세를 꼭 무너뜨려야 하는 것이 아닐 텐데. 학문이란 것도 이렇게
덧없는 것이었나 하는 서글픈 생각 한쪽으로, 그의 학문의 한계
에서 뉴라이트 이념의 한계를 읽을 수 있는 것 같기도 하다.

역사관 없는 보수는 보수가 아니다

뉴라이트에 '뉴'를 붙인 까닭 역시 그냥 보수 아닌 합리적 보수로
봐달라는 뜻일 것이다. 게다가 경제사학계의 태두 안병직이 앞장
섰으니, 학문적 근거도 제대로 갖추리라는 기대감을 가지게 할
수 있었다. 서울대학교 교수 출신이 보수 정권에 영입된 이가 한
둘이 아니지만, 학자로서 권위가 안병직만 한 사람이 내가 보기
에는 없었다. 더구나 그가 나선 것은 보수 진영이 정권도 쥐지 못
하고 있을 때 '백의종군'의 모양새였다.

뉴라이트 운동의 출발점으로 새로운 역사관을 내세운 것도
그럴싸한 일이다. 정치 이념은 역사관에 근거를 두는 것이다. 진
보 진영에 비해 보수 진영이 역사관을 소홀히 해온 것은 그들이
그동안 이념 없이 권력만을 주물러온 상황을 방증해주는 것이다.

건전한 보수건 합리적 보수건 의미 있는 보수가 되려면 역사관 정도는 당당히 내세울 수 있어야 한다.

그래서 '안병직의 뉴라이트'라면 뭔가 볼 만한 역사관을 들고 나올 것을 기대했다. 정치계만이 아니라 학계에도 한 차례 경종이 되기를 바랐다. 나는 국사학계 주류의 풍조에 불만이 많은 사람이다. 그래서 '국사 해체' 같은 소수의 주장도 열심히 살펴보며 그 좋은 뜻을 잘 받아들이려 애쓴다. 몇 해 동안 중국에 체류할 때도 교과서포럼 관계 보도에 이따금 접하며 그쪽에서도 뭐든 괜찮은 이야기가 많이 나오기를 바라고 있었다.

'역사학자 아무개'가 '뉴라이트 역사관 따져보기' 작업을 한다고 나서는 것을 보고 독자들 중엔 '음, 누가 역사학계 수비수로 나섰나 보군' 생각한 이들도 있을 것이다. 그러나 지금까지 이 책을 읽은 분들은 알겠지만, 나는 역사학계 수비수가 아니다. 학교를 떠난 지 오래되면서 가끔씩 '역사학자' 타이틀도 반납해야 옳지 않을까 고민도 하는 사람이다. 내 딴엔 역사 공부라 생각하며 공부를 계속하지만, 연구 논문을 낸 지 10년이 다 돼가는 사람이 '역사학자'를 자칭하기가 멋쩍어지는 것이다.

나서는 입장을 군이 가리자면 '역사 평론가'라 할까? 작업에 임하며 첫번째 원칙으로 마음먹은 것이 사실관계를 다투지 말자는 것이었다. 사실관계는 그 분야 전문 연구자들의 몫이다. 내가 할 수 있는 일은 뉴라이트 역사관이 한국 사회에서 어떤 역할을 할 수 있는가를 비평하는 것이다. 작업을 통해 내가 얻은 결론은 뉴라이트 역사관이 엄밀한 의미에서 역사관이라 할 수 없는, 하나의 정치적 구호에 불과하다는 것이다.

자본주의 신앙의 편협성과 독단성

부정적 결론을 단정적으로 내리는 이유를 간단히 정리하겠다. 역사관이라면 역사의 일부분을 보는 눈이 아니라 역사 전체를 보는 눈이다. 그런데 뉴라이트 역사관은 자본주의 발생 이전을 보지 못한다. 개인주의를 전제로 하는 자본주의를 문명의 유일한 형태로 간주하기 때문이다. 이런 눈으로는 '자본주의 이후'를 내다본다는 것도 원천적으로 불가능한 일이다. 그리고 자본주의 자체도 극히 경직된 의미로밖에 이해하지 못하는 것이다.

왜 이렇게 좁고 비뚤어진 시각인가? 인간을 보는 시각이 좁고 비뚤어졌기 때문이다. 역사관의 기초가 되는 것이 인간관이다. 인간이란 것이 어떤 것인가 탐구하는 마음으로 역사를 바라볼 때 역사가 의미를 갖고 파악되는 것이다. 인간을 이기적 존재로만 규정하고 인간에게 그 이상 관심 없는 사람의 시선 앞에서 역사는 아무 의미도 보여주지 않는다. 그 사람은 자기 관점 안에만 갇혀 있으며, 역사로부터 아무것도 배우지 못한다.

역사관 이전에 인간관이 문제인 것이다. 인간을 어떻게 "이기적 존재"로 단정 지을 수 있을까. 그런 눈으로 역사를 보면 역사가 증발하고 사회를 보면 사회가 무너진다. 뉴라이트 논설에서 제일 눈에 띄는 점이 민족을 부정하는 것인데, 부정의 대상은 민족만이 아니다. 자유방임 경제에 방해되는 모든 인간적 가치가 부정된다. 민주화를 찬양하는 것처럼 쓰기도 하지만 사실은 민주화를 경제 발전의 부산물로 볼 뿐이다. 민주주의와 경제성장 가운데 한쪽을 골라야 한다면 그들의 선택은 뻔한 것이다.

광복보다 건국이 더 중요하다며 요란 떠는 것을 보면 민족보다 국가가 더 소중하다는 것처럼 보인다. 그러나 국가를 정말 소중하게 여기는 것도 아니다. 뉴라이트에 경도된 이명박 정부가 일본과 미국을 대하는 자세를 보라. 대한민국은 뉴라이트에게 애정의 대상이 아니라 이용의 대상이다. 뉴라이트의 모든 가치는 재물에 걸려 있다. 자본주의라는 안경을 통해서만 세상을 바라보는 편협한 관점 때문이다.

뉴라이트는 강한 자의 자유를 외치며 그 단결을 부르짖는다. '강한 자들이여, 어째서 약하고 못난 자들에게 민족이란 이름, 윤리란 이름으로 발목을 붙잡히는가! 우리가 힘들여 번 돈을 왜 그들에게 세금이란 이름으로 빼앗겨야 하는가! 우리의 권리, 우리의 재산, 우리의 자유를 지키기 위해 우리가 할 수 있는 일은 뭐든지 다 하자!'

편협한 관점은 받아들여지는 범위도 좁을 수밖에 없다. 정치 이 념이라면 넓은 범위의 지지를 받고자 애써야 할 것인데, 이처럼 인간도, 세상도, 역사도 좁게 보는 관점을 기껏 만들어낸 까닭이 뭘까? 그리고 이렇게 좁아터진 관점이 지금의 한국에서는 어째 서 이토록 큰소리를 칠 수 있는 것일까?

편협한 관점에도 장점이 있다. 초점이 뚜렷하다는 것이다. 합 리적이고 유연한 관점은 많은 사람을 수긍시킬 수 있지만, 편협 하고 과격한 관점이 좁은 범위의 사람들을 단결시키는 집중력을 따라갈 수 없다. 이 집중력이 큰 힘을 발휘할 수 있는 것은 민주 적 질서의 미숙성으로 인해 단기적 전술이 장기적 전략보다 잘 통하는 사정 때문이다.

한국 사회에는 민주주의의 안정적 시행에 힘든 여건이 아직 도 남아 있다. 그 하나는 오랫동안 쌓여온 전제 통치의 경험으로 인해 민주적 질서 감각이 체질화되어 있지 못한 문제다. 지식층, 중산층의 시민들도 아직까지 흔히 대통령에 대해 '제왕'적 관념 을 가지고 있는 실정이다. (노무현 대통령 재직 당시 그에 대한 대 중의 불만에는 이 관념에 부응하지 않는다는 점이 큰 작용을 한 것 으로 보인다.) 또 하나의 문제는 빈부 격차로 나타나는 중산층의 불안정성이다. 경제적 가치에 대한 과민성이 민주적 가치에 대한 인식을 가로막는 상황이 쉽게 벌어진다. (자본주의·민주주의 선진국에서 체제의 중추 노릇을 한 '중산층'이 한국에 그대로 자리 잡지는 않을 것으로 나는 본다. 그러나 한국의 경제적 중간 계층에게는 '중산층' 지향 의식이 강하므로 그 지향과 현실 사이의 괴리감을 통해 나타나는 불안정성을 '중산층의 불안정성'이라 해둔다.)

현 정부는 이 두 가지 문제를 고착시키거나 오히려 더 악화시키려 노력한다. 정책 추진에서 합리적 방법보다 가급적 무리한 방법을 택하는(방송 장악이 대표적이다) 태도에서부터 대통령 중심의 전제적 통치를 복원하려는 의도가 엿보인다. 국회에서도 다수당인 한나라당이 대통령 측의 '벼랑 끝 전술' 앞에 제구실을 못하고 있지 않은가.

양극화를 심화하려는 의도는 더 노골적이다. 죽어 있지도 않고 죽어가고 있지도 않던 경제를 '살리겠다'고 나선 것은 분배를 외면하고 성장만을 바라보겠다는 뜻이다. 출범 1년이 안 되었어도 그동안의 실적과 태도에서 이 뜻이 충분히 확인된다. 파이가 커지면 약자의 몫도 생긴다 하지만, 그 약자의 몫이 강자의 뜻에 좌우되도록 만든다는 것 아닌가.

이것은 사회의 질서와 발전이 아니라 갈등과 퇴행을 바라보는 길이다. '질서 속의 발전'을 바라는 보수주의자의 뜻에 정면으로 배치되는 길이다. 나는 '합리적 보수'가 우리 사회의 발전을 이끌어나가는 주체로 일어서기 바라며, 그럴 만한 여건이 갖춰져 왔다고 생각한다. 무슨 까닭으로 편협한 뉴라이트 담론이 이 시점에서 보수 진영을 지배하고 있는 것일까?

"이 땅의 합리적 보수는 죽었는가?"

아무리 생각해도 나는 보수주의자다. 이런저런 불평을 하기는 해도 우리 사회가 근본적으로 괜찮은 사회라는 생각이 20년래 바뀌지 않는다. 다들 지금까지 살아온 식으로 꾸준히 애쓰며 살아가면 충분히 좋은 사회를 이뤄나갈 수 있으리라고 믿는다. 나는 혁명적 변화도 기적적 변화도 바라지 않는다.

나 같은 보수주의자가 1987년 이후 양산되었다. 세상이 바뀌어도 크게 바뀌어야 한다는 생각을 6월 민주항쟁 당시에는 보수주의자의 소질을 가진 사람들도 가지고 있었다. 이 사람들이 20년 동안에 보수 성향을 드러내게 되었다. 민주화의 성과가 완전하지 못한 상태에서도 민주화가 계속되고 있다는 사실에 만족하고, 경제가 빡빡해도 옛날과 비교해 흐뭇해하며 도로 나빠지지 않기만을 바란다. 남북 관계의 점진적 발전으로 전쟁의 위협이 사라지는 것도 반가운 일이다. 지켜야 할 권력이나 큰 재산도 없으니, '수구'가 될 리도 없고, 세상이 그저 조용했으면 해서 '합리적 보수'를 바라는 사람들이다.

이 합리적 보수주의가 아직까지 효과적인 정치적 표현의 길을 열지 못하고 있는 까닭은 복합적인 것이겠지만, 제도적 측면에서 보자면 국회의원 소선거구제가 대표적인 문제라고 생각한다. 거대 정당에 유리한 소선거구제가 합리적 보수주의자의 선택에 제약을 준다. 보수를 표방하는 한쪽 정당은 수구파의 손아귀에서 벗어나지 못하고, 진보를 표방하는 한쪽 정당은 아직도 정책 노선을 안정시키지 못하고 있다. 양대 정당이 구태를 쉽게 벗어나지 못하는 중요한 이유가 이들에게 '적대적 공존'을 보장해주는 소선거구제에 있다고 나는 생각한다.

보다 근원적인 문제는 기형적 안보 의식에 있다고 본다. 미국을 '혈맹'이라 부르며 무리하게 매달리는 경향이 냉전 해소 후 20년이 다 되도록 한국 사회 일각에서 걷히지 않는 까닭이 무엇인가? 군사적 안보를 위한 의존관계의 필요성이 사라졌지만, 정치적 안보, 경제적 안보를 스스로 책임지려는 자세가 아직도 세워지지 못하고 있는 것이다. 정치제도 문제도 정치적 안보 의식이 제대로 자라난다면 60년 전 눈 감고 베껴 온 미국식 제도를 재검토하게 될 것이고, 경제정책 노선도 경제적 안보 의식이 갖춰지면 철 늦은 신자유주의 바람에 휘말리지 않게 될 것이다.

뉴라이트의 목적은 진보 진영에 대한 도전이 아니라 합리적 보수의 봉쇄다. 그람시Antonio Gramsci가 말한 '문화 헤게모니'cultural hegemony를 보수 진영 내에서 장악한 것이라 할 수 있다. 문화 헤게모니의 구축을 위해서는 '상식' 체계의 확립이 필요하다. 진보와 경쟁해 국민을 설득하려는 것이라면 진보와 공유할 수 있는 상식을 확보하려는 노력이 있어야 한다. 그런데 뉴라이트가 실제로 문화 헤게모니를 획득한 것은 보수 진영의 기존 조직인 한나라당 내에서일 뿐이다.

총선 이후 뉴라이트가 표면에 대거 나선 것도 한나라당의 '합리적 보수' 요소가 목소리를 내지 못하도록 가로막기 위한 목적이 첫번째가 아닐까 생각된다. 한나라당에 아직까지 제정신 가진 사람들이 있다면, 이렇게 신자유주의 일방통행으로 밀어붙인 뒤의 선거를 어떻게 감당할지 생각 좀 해보기 바란다. 나도 한마디 해줘야겠다. "이 땅의 합리적 보수는 죽었는가?"

(얼마 전 미국 대통령 선거가 진행되었다. 한나라당 당원들이 대통령 선거보다 의회 선거를 눈여겨봤기를 바란다. 공화당의 참패가 누구 때문이고 무엇 때문인지 생각해보기 바란다. 의회 다수당이 자기 당 행정부를 싸고도느라 무리한 정책도 제대로 견제하지 못한 책임을 추궁당한 것 아니겠는가? "모진 놈 곁에 있다가 벼락 맞는다"는 말도 그래서 생겼을 것이다.)

그들의 위협에 어떻게 대응할까?

200년 전 세상에서 찾아온 타임머신

뉴라이트 역사관을 그동안 여러 층위에서 따져봤는데, 그 문제점의 가장 기본 줄기는 인간을 "이기적 존재"로 규정하는 독단성이다. 이 규정을 틀린 것이라고 할 수는 없다. 인간에게는 이기적 특성이 있다. 이 규정을 근거로 해서 정치 현상이나 경제 현상을 고찰하면 유용한 해석을 많이 얻을 수 있다.

그러나 이런 시각 안에 인간 세상의 모든 현상이 들어올 수는 없다. 자본주의를 비교적 잘 운용해온 사회들은 다른 시각에서 파악되는 의미들도 함께 감안하여 복합적 정책 구조를 빚어냄으로써 인간성이 최대한 자연스럽게 발현될 수 있도록 노력해왔다.

신자유주의는 인간을 이기적 존재로만 본다. 이론을 탐구하는 사람들이 이론에 매몰되어 현실 전체를 보지 못하는 수가 있다. 그러나 신자유주의는 이런 '순진한' 독단성으로만 보이지도 않는다. 19세기 초반 산업자본주의 시대 초기 자유주의에서 이기심만을 보는 인간관은 순진한 것이었다고 할 수 있다. 그러나 19세기 후반 금융자본주의 시대 이래 이 관점은 많은 재검토를 받아왔다. 그로부터 100여 년이 지난 지금에 와서 그동안의 재검토 내용을 하나도 모르는 척, 시치미 떼고 이기심일원론으로 돌아간다는 것은 자연스러운 일이 아니다.

오늘날의 신자유주의에는 뭔가 불순한 동기가 있다고 보인다. 이론 자체만으로는 너무나 시대착오적인 것이기 때문이다. 나는 『밖에서 본 한국사』 맺음말에 이렇게 썼다.

"자원의 한계를 의식할 수 없던 19세기에 시장 기능을 강조한 자유주의는 하나의 이념이었다. 그러나 자원의 한계가 분명해진 21세기에 시장 만능을 주장하는 신자유주의는 일부 세력의 기득권을 지키기 위한 정략일 뿐이다."(329~330쪽)

인간을 "이기적 존재"로 규정하는 뉴라이트 '역사관'은 정당한 학문적 노력의 자연스러운 결과가 아니라 신자유주의라는 정략 노선을 지원하기 위해 억지로 짜 맞춰진 틀이다. 따라서 그 위협은 역사교육의 혼란에 그치지 않는다. 신자유주의와 관련된 정책 전반으로 펼쳐지게 되는 것이다. 우리 사회에 어떤 위협을 어떤 방식으로 제기하는 것인지 살펴보자.

무리한 역사관과 무리한 정책 노선

어떤 위협을 제기하는지는 쉽게 눈에 보인다. 우선 직접적으로 역사교육에 대한 위협이 적나라하게 진행되고 있다. 눈을 들어 넓게 바라보면 경제구조의 기형화, 사회 양극화, 민주주의 퇴행, 남북 관계 악화 등 신자유주의의 일반적 특성과 관계되는 문제들이 있다. 경제, 사회, 정치, 외교 등 여러 분야의 문제들은 더 잘 다룰 분들이 있으므로 문제의 개연성만을 지적하고 넘어가겠다.

독자들의 주의를 더 촉구하고 싶은 것은 이런 위협들이 제기되어온 방식에 대해서다. 이 글을 연재하던 중 역사 교과서 문제를 다루면서(이 책 16장 참조) 뉴라이트 '대안 교과서'의 내용을 따지고 싶은 충동을 꾹꾹 참고, 책동 방식에만 초점을 맞췄다. 내용이야 나보다 훨씬 더 잘 따질 전문 연구자들이 계시기 때문이기도 하지만, 대응을 위해서는 내용보다 방식이 더 중요할 수 있다고 생각한 것이다.

이념이고 나발이고 욕심 하나만으로 권력과 돈에 눈감고 매달리던 과거 수구 집단의 행태에 비하면 뭔가 이념 비슷한 것을 들고 나온 뉴라이트는 한 단계 진화된 모습이다. 200년 전에는 한 시대를 풍미했던 만큼, 한 특정 집단이 원하는 여러 방향의 정책 노선을 관통할 만한 그럴싸한 논리를 제공해주는 이념이다.

이 이념이 그대로 적용될 수 없다는 사실은 100여 년에 걸친 경험과 연구로 밝혀져 있다. 그런데 레이건 이후 미국에서 다시

들고 나왔다. 공산권과의 대결 상황에서 전술적 이득을 노린 것까지는 이해가 간다. 문제는 공산권 붕괴 후에도 그 노선을 벗어나지 못하다가 지금의 금융공황에 이르렀다는 것이다.

미국 경제의 파탄이 드러나지 않은 상황에서는 '미국식'의 매력이 우리 사회에 꽤 널리 먹혀들 수 있었다. 그리고 2007년 대선과 2008년 총선에서 한나라당의 권토중래가 예상되고 있었다. 그 단계에서 뉴라이트는 보수 진영의 담론 헤게모니를 장악함으로써 수구 집단이 칼자루를 쥐고 표면에 나설 길을 열어주었다.

그렇게 해서 뉴라이트는 '승리'했다. 그러나 권력 장악 뒤의 상황을 감당할 길이 없다. 스타일대로 쇠고기를 주물럭댔더니 세상이 발칵 뒤집혔다. '7·4·7' 공약은 출범하자마자 (금융공황에 비하면) 가벼운 유가 파동 한 차례에 날아가 버렸다. 국민의 광범한 신뢰와 지지를 모으는 것은 이제 불가능한 일이 되었다.

'성공'의 길이 멀어질수록 현 정권은 '승리'에만 집착한다. 주식시장과 외환시장에 매달리는 방식에서 문외한도 알아볼 수 있다. 불리한 상황은 얌전히 겪어내는 것이 손해 덜 보는 길일 수 있는데도, 기금 풀고 외환 풀고 자꾸 집적대서 덧나게 한다. 필요 없는 승부라도 자꾸 걸어서 점수 딸 기회를 만들어야 하기 때문이다. 지금 역사 교과서를 놓고 그쪽 입장에서 보더라도 바람직하지 못한 무리수를 자꾸 쓰는 것 역시 같은 맥락일 것이다.

정치 발전을 보여주는 '촛불'

뉴라이트 책동에 대한 대응은 '승리'보다 '성공'에 목표를 두어
야 한다. '보수' 진영이 '좌파 정권'에 대한 '승리'를 외치는 수구
집단에 헤게모니를 쥐어준 결과 정권을 넘겨받자마자 길을 잃고
있는 상황을 타산지석으로 삼아야 한다. 또 '진보' 진영이 1997,
2002, 2004년의 주요 선거에서 거듭 승리하고도 성공을 거두지
못한 이유를 반성해야 한다.

나는 김대중·노무현 정권이 실패했다고 생각하지 않는다. 주
어진 여건에 비해 매우 훌륭한 업적을 이뤘다고 생각한다. 그러
나 국민의 폭넓은 신뢰와 지지를 받는 지도력을 안정시킨다는 가
장 기본적인 과제에 실패했다. 그 실패가 가져온 2007년 대선과
2008년 총선 패배에는 이중의 의미가 있다. 한나라당에게 '졌다'
는 것은 민주제 정치에서 얼마든지 있을 수 있는 일이고, 졌다고
해서 정치적 역할이 사라질 일도 아니다. 정말 심각한 문제는 한
나라당이 수구 집단의 손아귀에 들어가게 하고 그에게 극심한 참
패를 당했다는 것이다. 그 때문에 '진보' 진영은 지도력과 정치력
이 거의 실종되는 상황에 빠졌다.

김대중·노무현 정권이 지도력의 안정에 실패한 근본적 이유
는 정체성의 혼란에 있지 않았나 생각한다. 정권의 지도부는 보
수 노선이었다. 그러나 그들이 이끈 정당(국민회의·민주당·열린
우리당)은 진보에서 보수까지 넓은 스펙트럼을 품고 있었다. 수

구 세력 집권기에 '반수구' 세력이 광범한 결집을 필요로 한 결과였다. '좌파 신자유주의' 이야기가 정색으로 오갈 만큼 당시의 여권은 구성이 복잡했다.

1997, 2002, 2004년의 '진보' 진영 승리는 모두 '보수' 진영의 분란에서 얻은 반사이익에 적지 않은 행운이 곁들인 결과였다. 이 승리의 의미를 냉정하게 파악하고 정치 발전의 기회로 이용하는 데 노력을 쏟았다면 오늘날 보고 있는 '정치의 실종'은 피할 수 있었을 것이다. 특히 2004년 총선의 대승 이후 당시 여권이던 열린우리당은 그야말로 승리를 성공으로 착각한 듯, 정치 발전의 노력을 제쳐놓고 당권 경쟁에만 몰두하는 양상을 보였다. 1997년 대선을 앞둔 신한국당을 판에 박은 듯한 풍경이었다.

아쉬움이 남기는 하지만 그 10년 동안에도 정치 발전은 상당히 이뤄진 것이 사실이다. 누구도 예측하지 못했던 '촛불' 현상이 정치 발전 없이 나타날 수 있는 것이겠는가? '장내' 정치에 별 발전이 보이지 않는 동안 '장외' 정치에 큰 발전이 있었던 것은 우리 사회의 민주주의 인프라가 확충되었기 때문이고, 두 정권의 노력이 그 확충에 이바지했다. 노력을 더 집중하지 못한 것이 아쉬울 뿐이다.

위기를 기회로

'진보' 진영은 2007, 2008년 선거에서 참패한 후 존재감마저 잃고 있지만 사회의 민주주의 인프라는 많이 자라 있다. 한국 현대사의 보다 자유롭고 합리적인 인식도, 방송의 공정성과 공익성 증대도, 촛불 정신과 함께 이 인프라의 일부분이다. 뉴라이트와 현 정권이 이 인프라의 파괴에 서둘러 달려드는 것은 수구 집단의 통치 복원에 걸림돌이기 때문이다.

'진보' 진영의 집권 연장을 위한 정치 공학적 시도는 완전히 실패했다. 반면 사회의 민주주의 인프라는 추위가 닥친 뒤에 푸름을 뽐내는 송백과도 같이 그 가치를 빛내고 있다. 정권을 가지고 있을 때 목전의 경선과 선거보다 인프라 확충에 더 노력을 기울이지 못한 것이 승리만 쳐다보고 성공을 바라보지 못했기 때문이라는 말이다.

불행 중 다행인 것은 현 정권이 이 인프라의 성장을 도와주고 있다는 사실이다. 주식시장과 외환시장을 자꾸 집적거려서 덧나게 하는 것처럼, 이 인프라의 의미를 국민들이 더 명확하게 인식할 수 있도록 자꾸 집적거려주는 것이다. 촛불부터 생각해보라. 웬만큼 상식적인 대응을 했다면 촛불 정신의 폭발적인 힘이 그렇게 드러날 수 있었겠는가? 성공을 생각할 줄 모르고 승리에만 매달리기 때문에 뭐든 저지르지 않고 가만있지를 못하는 것이다.

뉴라이트를 앞세운 현 정권의 공세는 역설적으로 민주주의 발전의 기회를 만들어주고 있다. 물론 민주 시민들은 수구집단의 현실적 위협으로부터 민주, 평화, 진실, 정의, 자유의 제 가치를 지키기 위해 분투, 노력해야 할 것이다. 바로 그 분투, 노력의 과정 속에서 그 가치들은 자라날 수 있다. 지키는 노력 속에 이 가치들의 성장 기회가 있는 것이다.

뉴라이트는 수구 집단의 가치관을 집약해서 보여준다. 한마디로, 모든 가치를 재물에 종속시키는 가치관이다. 예컨대 그들이 떠받드는 '자유'가 어떤 것인가? 그들은 자유를 내면화하지 않고 소유의 대상으로 객체화하며, 따라서 내 것을 주장하되 남의 것을 존중하지 않는다. 그들에게는 자유가 실천의 과정 속에 살아 움직이는 사회적 관계가 아니라 힘으로 빼앗고 돈으로 사는 물건이다. 이용의 대상이지, 사랑의 대상이 아닌 것이다.

뉴라이트의 도발을 타고 넘어 인간적 가치들을 키워내는 원리가 여기에 있다고 생각한다. 자유든, 평화든, 진실이든, 정의든, 어떤 인간적 가치든 '내 것'이란 도장을 찍고 남의 것을 인정하지 않으려 들 때 원래의 의미를 잃어버린다. 공자가 "귀신을 공경하되 거리를 두라"〔敬而遠之〕고 한 것도 그런 뜻 아닐까?

진실과 정의는 허위와 불의에 승리함으로써 일어서는 것이 아니라 사람들의 사랑 속에서 태어나고 자라나는 것이다. 1987년 국민의 승리는 진실과 정의를 가져다준 것이 아니다. 독재 체제가 가로막고 있던, 진실과 정의로 향하는 길을 열어준 것일 뿐이다. 독재 체제 아래서도 진실과 정의를 마음속에서 키우고 있던 이들이 있었지만, 보통 사람들에게는 너무나 힘들고 고통스러운 길이었다. 보통 사람들도 걸을 만한, 꽤 편안한 길이 지금은 열려 있다. 진실과 정의를 얼마만큼 받아들일지는 각자의 성품에 달려 있을 뿐이다.

되살려야 할 인간적 가치들

이런 생각들을 바탕에 깔아놓고 뉴라이트의 도발에 대한 구체적 대응책을 생각해본다. 역사관 따져보기 작업을 마무리하는 글이니, 갈수록 시끄러워지고 있는 교과서 문제부터 살펴보겠다.

점입가경이랄까, 무리수가 무리수를 불러온 끝에 차마 눈 뜨고 볼 수 없는 꼴이 벌어지고 있다. '전문가협의회'란 기구는 도대체 뭔가? 국가기관인 국사편찬위원회도 잘 따라와 주지 않으니 직제에도 없는, 따라서 권한도 책임도 없는 모임을 하나 만든 모양이다. 정부 측 직권수정이 도리에 어긋난다는 사실을 알기에 그 책임을 떠맡아 줄 누군가가 필요해서 만들었겠지만, 잘 떠맡겨질까? 제도적 근거도 없고 구성원 명단조차 공개하지 않는 모임에서 권위를 빌리겠다는 교과부의 꼴이, 위험을 피하겠다고 궁둥이를 쳐든 채 머리통만 구멍에 처박은 타조를 떠올리게 한다.

국사편찬위원회가 교과부에 보낸 보고서를 놓고 교과서 수

정 필요성의 증거처럼 일제히 사설로 떠들어댄 수구 신문들도 가관이다. (『조선일보』, 『중앙일보』, 『동아일보』, 『문화일보』, 2008년 10월 17~18일자 사설) 그 보고서의 어디에 절차를 무시하고 수정을 서둘러야 할 절박한 이유가 담겨 있단 말인가? 글 읽을 줄 아는 모든 국민에게 '우리에겐 너무나 절박한 정략적 동기가 있습니다'라고 광고하는 꼴이다.

이 사태에 임해 관계된 여러 부문의 반응에서 전화위복의 느낌을 받는다. 국사편찬위원회의 보고서 내용에 지엽적으로는 불만을 느끼는 점도 있지만, 그래도 지금 같은 상황에서 하나의 국가기관이 대응하는 자세로는 훌륭한 것으로 생각한다. 역사학계 연구 단체들이 입장을 표명한 것도 반가운 일이다. 과거 독재 시절에 역사학자들이 비정치성을 표방한 것은 정상적인 일이 아니었다. 그 관성으로 사회에 대한 책임을 경시해온 풍조가 이번 일을 계기로 다소나마 바뀔 것을 기대한다.

무엇보다, 역사 교사들의 움직임에 큰 기대를 가진다. 교사는 교육에서 교과서보다 훨씬 중요한 존재다. 설령 이번 '교과서 전투'에서 뉴라이트가 승리해 교과서가 얼마간 개악되는 일이 있더라도, 역사교육의 의미에 대한 교사들의 인식 심화는 그를 만회하고도 남는 우리 사회의 소득이 될 것이다.

지금 사람들의 눈앞에서 도발을 행하고 있는 것은 뉴라이트를 앞세운 수구 집단이다. 나는 이 도발이 진보 진영에 대한 것이기 이전에 여러 인간적 가치에 대한 것이라고 본다. 이 가치들을 아끼는 사람들의 대응이 도발에 대한 승리를 넘어 바로 그 인간적 가치들의 성공을 바라보기 바란다. 제일 먼저 할 일은 그 가치들에 대한 인식을 심화시키는 것이다. 그 가치들이 어느 단계에서고 완결될 수 있는 것이 아닌, 지키고 키우기 위해 애쓰는 과정 속에서 의미를 가지는 것임을 생각하면, 고되더라도 보람찬 길이 될 것을 기대한다.

역사책? 글쎄다, 교과서? 아니다*

1

『대안 교과서 한국 근·현대사』에 대한 포괄적인 비평이 『역사비평』 83호(역사문제연구소 편, 역사비평사, 2008 여름)에 실린 바 있다. 한국 현대사 연구자 세 사람, 주진오, 박찬승, 홍석률의 글을 모은 초점 기획 "교과서포럼의 '대안 교과서' 어떻게 볼 것인가"다. 기술적인 오류들을 지적한 외에 개항기를 검토한 주진오는 식민사관의 정체성론과 타율성론으로 회귀하는 경향을, 식민지 시기를 검토한 박찬승은 '근대화론'에 매몰된 점을, 그리고 해방 후 현대사를 검토한 홍석률은 지나친 편향성과 시대착오적 정통성론 등

• 이 글은 『시민과 세계』 14호(참여사회연구소 편, 사회평론, 2008 하반기)에 실린 서평을 수정·보완한 것이다.

을 특히 문제 삼았다.

교과서포럼은 이에 대해『시대정신』40호에「『역사비평』의 대안교과서 비평에 대한 반박」을 내놓았다. 제목에 "반박"이란 날선 말을 쓴 것부터 눈길을 끈다.『역사비평』의 비평들이 사실 그리 호의적인 것은 아니었다. 그러나 명색이 '교과서'를 지향하는 책이라면 그에 대한 비평 기준이 보통 책에 대해서보다 엄혹하다는 것은 이해할 만한 일이다. 그런 비평을 악의로만 해석하고 극한적 반응을 보이는 교과서포럼의 전투적 자세가 다음과 같은 대목에서 여실히 드러난다.

"이를〔제기된 문제점 120여 건 중 교과서포럼이 인정하는 21건을—인용자〕 제외한 99건은 비평자 자신의 사실 오인, 공연한 트집, 의도적 오독, 악의적 비방, 최신 연구를 알지 못하는 지체 상태, 그리고 어쩔 수 없는 역사관과 국가관의 차이에서 비롯된 것이었다. 역사학계의 여러 단체가 위촉한 세 연구자의 비평 수준이 이러함에 우리는 안도하다 못해 참담함을 느꼈다. 그들은 쉴 새 없이 우리를 조선사회정체론으로, 식민지미화론으로, 일본 우익으로, 후소샤판 교과서로 몰아세웠다. 연구자로서 차마 입에 담을 수 없는 온갖 험구로 우리의 지적 능력과 도덕성에 흠집을 가하고자 하였다. 우리가 알고 있는 한에서 이런 식의 무책임하거나 악의에 가득 찬 비평은 지난 60년의 지성사에서 거의 전례가 없는 일이다."(322쪽)

『역사비평』의 비평보다 무책임하거나 악의에 가득 찬 비평은 더러 본 것 같다. 그러나 교과서포럼의 '반박'처럼 이 악물고 눈 부릅뜬 글은 학술계에서 전례를 찾아보기 힘든 것 같다.

이처럼 특이한 태도가 나타날 수 있는 것은 무슨 까닭일까? 학술적 시비를 가리는 목적만으로 보일 수 있는 태도가 아니다. 이 '대안 교과서'가 어떤 배경에서 어떤 목적으로 만들어진 어떤 성격의 책인가 살펴보는 데서 이 책의 의미를 이해하는 길을 찾을 수 있다.

2

한국의 중등 역사 교과서는 2002년까지 국정이었다. 처음으로 변화를 가리킨 것은 1997년 12월 공포된 제7차 교육과정으로, 2003년부터 고등학교 교과에 필수과목인 국사와 별도의 선택과목으로 '한국 근현대사'를 두며, 근현대사 교과서는 검정으로 할 방침을 정한 것이다. 이에 따라 2002년까지 6종의 근현대사 교과서가 검정을 통과해 2003년 이래 지금까지 쓰이고 있다.

2005년 결성된 뉴라이트 계열의 교과서포럼이 이 6종의 교과서가 모두 '좌 편향'이라고 비판하고 나서며 풍파가 시작되었다. 작년까지는 여기에 별 반향이 없었다. 그런데 이명박 정부가 들어서면서 교과서포럼의 주장에 대한 지지가 쏟아져 나오기 시작했다. 지금까지 상공회의소와 국방부, 통일부가 교과부에 의견을 공식적으로 제출했다.

이명박 정부의 교과부 장관들은 이들의 의견을 접수하자마자 기다렸다는 듯이 교과서를 도마 위에 올려놓았다. 김도연 전 장관은 논란이 시작되자 바로 '직권 수정' 가능성을 언급했고, 안병만 장관은 국사편찬위원회에 이 의견들의 검토를 의뢰했다.

국편의 검토가 진행되는 동안 정권의 여러 방면에서 근현대사 교과서의 수정 내지 개편을 요구하는 목소리가 터져 나왔다. 한나라당 의원들은 교과부 국정감사에서 만사 제쳐놓고 이 일에 달라붙었고, 총리, 대통령까지 가세했다.

그런데 2008년 10월 중순 국사편찬위원회는 이들의 기대에 못 미치는 검토 보고서를 교과부로 보냈다. 제기된 문제들에 관한 바람직한 서술 방향을 제시했을 뿐, 현행 교과서들에 서둘러 바로잡아야 할 문제가 있다고 분명히 판정해주지 않은 것이다.

그러나 교과부는 없는 길을 만들어서라도 개편을 강행할 의지를 불태우고 있다. '전문가협의회'란 것을 만들어 수정할 내용을 작성하게 한 다음 출판사와 저자들에게 수정을 요구하겠다는 것이다. '직권 수정'이란 교과서 검정 제도에 없는 개념이다. 그런데 온갖 압력을 동원해 실질적 직권 수정을 강행하려 하면서, 그 근거로 '전문가협의회'의 권위를 빌리려 한다. 그런데 직제에 없을 뿐 아니라 명단조차 공개하지 않는 그 모임에 빌려줄 만한 권위가 있을까? 엽기적인 '교과서 죽이기' 책동이 벌어지고 있는 것이다.

10월 8일 20여개 역사학 연구 단체들이 공동으로 이 책동을 비난하는 성명을 발표했고, 11월 전국역사교사모임을 중심으로 '역사교육자 선언' 발표가 이어졌다. 여기에 학생과 학부모들까지 나서는 등 연구와 교육의 당사자들이 반가워하지 않는 이 책동에 뉴라이트를 앞세운 현 정권이 목을 매고 달려드는 까닭이 무엇일까?

(이후 이 책이 만들어지는 시점까지도 수구 집단은 분란을 계속 증폭시키고 있다. 교과부는 기존 근현대사 교과서 출판사들에 "수정 권고안"을 보냈다가 저자들의 반발에 부딪히자 그것을 "수정 지시"로 바꿔 다시 보내는 등 교과서 검인정 제도를 뿌리째 흔들고 있다. 서울특별시 교육청은 "현대사 특강"이란 이름으로 '안보 교육'의 부활을 꾀한다. 이것을 "아동 학대"라고 꼬집는 이도 있지만, 내 보기에 학생들에게 반공 독재 시대의 실상을 겪게 해주는 '체험 교육' 효과만큼은 톡톡할 것 같다.)

3

이 책동의 초점은 '신자유주의' 정치 노선에 있다. 1970년대 이후 자본주의 진영 일각에서 '시장 만능주의'를 중심으로 자본에 대한 국가의 규제를 약화시키는 정책을 추구한 움직임이다. 1980 년대에 미국의 레이건 행정부가 이 노선을 채택해 공산권 붕괴를 유도했고, 그 후에는 세계화의 방향 결정에 중요한 작용을 해왔다.

신자유주의는 가진 자들만을 위한 정치 노선이라는 비판을 꾸준히 받아왔고, 지금 터져 있는 세계적 금융공황의 주범으로 지목되고 있다. 인간을 이기적 존재로 가정하는 고전적 자본주의 이론을 그대로 따라 무절제한 탐욕에 무제한의 '자유'를 준 결과라는 것이다.

강자를 옹호하는 시장 만능주의는 19세기 초반 선진국들을 풍미했으나, 19세기 후반부터 그 한계와 문제점이 밝혀져 왔다. 그 원리의 문제점이 밝혀져 있음에도 불구하고 1980년대 이후 미국이 신자유주의를 채택한 것은 강자의 입장에서 그 이점을 누리기 위한 정략적 동기였음을 폴 크루그먼 등이 지적해왔다.

그런데 한국의 입장에 유리하지도 않고 철마저 지난 신자유주의를 이 나라 정책 노선으로 끌어안자는 뉴라이트의 속셈은 무엇인가? 가진 자들의 이익을 극대화하기 위한 것이라고밖에 이해할 수 없다. '수구 집단'이라고도 지칭되는 기득권층의 결집을 정권의 근거로 삼자는 극우 정치 노선을 뉴라이트가 신자유주의를 중심으로 빚어낸 것이다. 현 정권은 강자들을 풀어주고 밀어주어 경제활동을 잘하게 하면 그들이 파이를 키워 약자들의 몫도 생기게 된다고 '7·4·7'공약을 내세웠다. 그렇게 잘된다 하더라도 약자의 몫이 강자의 뜻에 좌우되게 하는 길인데, 그나마 그렇게 되기도 힘들겠다는 전망이 벌써 분명해지고 있다.

교과서포럼의 역사관은 역사에 대한 고민으로부터 빚어져 나온 것이 아니라 신자유주의 정책을 뒷받침하기 위해 짜 맞춰진 것이다. 그러니 역사학을 전공으로 하고 직업으로 하는 사람들은 거기에 박자를 맞출 수가 없는 것이다. 참여자 중 이영훈 한 사람이 '역사학자'를 자칭하지만 그가 과연 역사학자가 맞는지는 좀 애매한 문제였는데, 교과서포럼 활동을 통해 그 문제가 분명해졌다는 것이 이 소동의 소득이라면 소득이겠다. (교과서포럼 운영위원과 고문 명단에 역사학자 이름이 여럿 올라 있지만 그들은 이 책의 집필에 참여하지 않았다.)

4

널리 알려진 '대안 교과서'의 특징은 일본 식민 통치를 미화하고 이승만·박정희의 독재를 찬양한다는 것이다. 식민 통치 미화는 책의 준비 단계부터 교과서포럼이 일부러 드러내 세간의 비난과 함께 주목을 받았던 점이다. 실제 나온 책에서는 '미화' 수준을 누그러뜨려 공정한 서술처럼 보이게 하려 애쓴 흔적이 보이지만, 근대화의 효과를 강조하면서 이를 식민 통치의 공로로 인식하는 기본 관점에는 변함이 없다.

  이 책에 무엇을 담았나 하는 점 못지않게 무엇을 빠뜨렸나 하는 점도 중요하다. 도입부에서 저자들은 공부 목표로 ① 자유민주주의 ② 경제성장 ③ 국제 관계 ④ 통일 문제를 내세웠다. 빠진 것이 뭔가? 민족문화가 없다. 실제 책 전체를 통해 문화 부문은 마지못해 부속적으로 다뤄져 있을 뿐이며, 그나마 외래문화 도입 이야기에 그치고 전통의 측면은 철저히 외면당했다. 교과서포럼이 민족주의와 등진 입장임은 그 공동 대표 이영훈이 민족주의만이 아니라 근대 이전 '민족'의 존재까지 부정하는 발언을 꾸준히 해온 것을 보더라도 알 수 있는 사실이다.

  민족주의만을 등진 것이 아니다. 이 책은 민주주의를 옹호하는 듯한 표현을 내놓지만, 사실은 민주주의를 경제 발전의 부산물로 볼 뿐이다. 이승만과 박정희의 독재를 찬양하는 데서 이 관점이 가장 두드러지게 나타난다. 한국이 자본주의의 길을 걷게 한 이승만의 공로는 민족과 평화에 대한 그의 죄악을 덮고도 남는 것이며, 박정희의 경제성장 업적은 민주주의의 희생과 비교도 되지 않는 큰 공로라고 이 책은 주장한다.

  민족, 민주, 평화, 자유, 평등, 믿음, 사랑 등 모든 인간적, 사회적 가치가 이 책에서는 경제적 가치에 종속되거나 배치된다. 인간을 이기적 존재로 규정하는 자본주의 이론의 '가정'을 '진리'처럼 떠받들기 때문이다. 인간은 이기적 존재이기도 하지만 또한 다른 측면들도 가진 존재임을 사람들은 생활의 경험을 통해 상식으로 안다. 이 상식을 무시하는 태도가 신자유주의 노선 뒷받침을 위해 정치권 일각에 나타나는 것은 있을 수 있는 일이다. 그러나 이런 태도를 일반 고등학생들의 교과서에 반영하려 하다니?

역사학이란 인간성을 경험적으로 탐구하는 학문이다. 인간성이 어떤 범위에서 어떤 모습으로 나타날 수 있는 것인지, 과거의 사실에 비추어 더듬어보는 것이다. 그런데 "인간은 이기적 존재"란 독단적 명제를 선험적으로 정해놓고 이에 과거의 사실을 끼워 맞추려고 드는 것은 역사학의 기본 문법에 벗어나는 오류다. 게다가 자라나는 청소년에게 '너도나도 모두 이기적 존재'란 관념을 주입하려 든다는 것은 교육의 기본 의미를 망가뜨리는 짓이다. 교과서포럼의 '대안 교과서'는 극우 정당의 수련 교재는 될 수 있을지 몰라도 역사 교과서를 바라볼 물건이 아니다.

"지은이의 논리는 항간에 말 많은 뉴라이트 계열의 관점과 통하는 부분이 많다. 현재의 뉴라이트가 기존 학계에 대한 도전자의 위치에 있으면서 새로운 관점을 적극적으로 취하고 있는 때문에 개별적 사안에서는 서로 통하는 점이 꽤 있다는 것이다. 예를 들어 선생은 일본 식민 통치를 뉴라이트처럼 미화하지는 않지만 민족사관처럼 죄악시하지도 않으니, 이쪽에서 보면 저쪽처럼 보이고 저쪽에서 보면 이쪽처럼 보인다."

2008년 3월에 낸『밖에서 본 한국사』를 놓고 나를 인터뷰한 장정일 작가의 기사 끝 부분이다.(『중앙SUNDAY』 2008년 6월 22일자) 이 인터뷰를 계기로 뉴라이트 계열 역사 관련 논설과 서적을 구해 검토하기 시작했다.

그 시점까지 뉴라이트 '역사학'에 관해서는 신문에 보도된 내용도 꼼꼼히 챙겨 보지 않고 있었다. 민족주의에 대한 반성을 중요한 주제로 생각하고 있었기 때문에 임지현 등의 '국사 해체' 주장은 면밀히 살펴보고 있었지만, 뉴라이트는 역사학계 외부에서 정치적 배경을 업고 역사학계를 한 차례 집적거려보는 하나의 조그만 제스처 정도로 생각한 것이다.

군이 비교하자면 하이퍼내셔널리즘 경향의 일부 '재야' 사학계가 '강단' 사학계를 상대로 해온 도전 비슷한 것이 반대쪽에서 들어온 것이 아닐까 하는 인상이었다. 주류 사학계의 풍조에 큰 변화가 필요하다는 생각을 많이 해오던 나로서는 일체의 도전을 반갑게 생각하고, 그로부터 나 자신부터 배울 것이 많기를 은근히 바라고 있었다.

그런데 공교롭게 뉴라이트의 『대안 교과서 한국 근·현대사』가 내 책과 거의 동시에 나왔고, 독자들의 반응 중에 두 책을 연결해서 보는 시각이 더러 있었다. '역사학계의 변화를 바라는 입장이라면 공통점이 꽤 있겠지.' 하는 정도로 처음엔 생각했다. 그런데 '뉴라이트'란 이름이 정치 방면에서 이상한 색깔로 자꾸 떠올라 마음이 불편하던 참에 장정일 작가와 인터뷰를 하고 보니, 도대체 뉴라이트가 역사 얘기를 어떻게 하고 있는지 들여다볼 필요가 절실해졌다.

가벼운 책 몇 권을 먼저 구해 읽어보니, 문제가 심각했다. 나 혼자 마음속으로 따져보는 데 그칠 일이 아니라 생각해서 인터넷 신문 『프레시안』에 글을 올릴 계획을 세웠다. 6년 전 중국으로 떠날 때까지 시사 칼럼을 직업적으로 쓰고 지내다가 그 후 역사 공부로 되돌아왔기 때문에 『프레시안』에 하던 연재도 여러 해 중단

하고 있었다. 그런데 역사 얘기면서도 정치적 함의가 큰 주제를 다루게 되니, 그래도 아는 동네로 돌아가게 된 것이다.

6월 말부터 작업을 시작했는데, 뉴라이트 얘기가 계속 터져 나왔다. 맞불 집회, '건국절' 주장, 교과서 개편 책동……. 애초 7~8회 정도로 생각하고 시작한 일이 18회까지 진행되었다.

작업을 진행하면서 애초의 생각과 바뀐 것은 글의 분량만이 아니었다. 질적 특성에도 변화가 있었다. 역사학의 학문적 성격에 대한 내 생각이 제법 오롯하게 담긴 것이다.

이 책을 '역사철학서'라고 내놓을 수는 없다. 철학적 관점을 체계적으로 치밀하게 적용시킨 작업이 아니다. 그러나 역사학도로서 역사학에 대해 쌓아온 고민을 이만큼 알뜰하게 담아낼 기회를 이렇게 가지게 될 줄은 몰랐다. 독자들이 '역사 개똥철학'으로 봐주기 바란다.

『밖에서 본 한국사』도 '아웃사이더'의 시각에서 얻을 수 있는 이점을 최대한 사회에 바치기 위해 애쓴 책이었다. 이번 책 역시 '아웃사이더'의 장점을 살리려는 노력의 결과다.

학문적으로도 정치적으로도 나는 무소속이다. 무소속을 지향하는 나를 '자유주의자'라 부르는 이들도 있는데, 나는 잘 모르겠다. '신자유주의자'가 아닌 것은 분명하다. 나와 같은 무소속 독자들이 많이 읽고, 무소속의 입장에 자긍심을 키우는 데 도움이 되기 바란다.